D1669073

📖 L'INTELLIGENCE ARTIFICIELLE : LA MEILLEURE SOLUTION POUR FAIRE REUSSIR VOTRE BUSINESS 🚀

🎁 Bonus exclusif : Les meilleurs outils IA pour booster votre business web et augmenter vos revenus

PREFACE DE L'AUTEUR

J'ai consacré de nombreux mois, sacrifiant des nuits de sommeil, afin de vous offrir un contenu de qualité qui vous aidera à propulser votre entreprise vers le succès tout en tirant pleinement parti du potentiel offert par l'intelligence artificielle. Mon objectif est que ce livre demeure exclusivement entre vos mains et que vous ne le reproduisiez pas, que ce soit par le biais de photocopies ou autrement. La réussite en business et dans le monde professionnel requiert de l'honnêteté, de la sagesse et de la reconnaissance. Si vous aspirez à réussir dans ce domaine, je reste disponible pour vous accompagner.

Pour toute autre demande, n'hésitez pas à me contacter directement sur Télégramme : @Gibonal

SOMMAIRE

Première partie : Comprendre tout sur l'intelligence artificielle

L'intelligence artificielle : une opportunité pour le business ?

L'intelligence artificielle : voilà un sujet qui suscite l'inquiétude et qui fait couler beaucoup d'encre. Comment les entreprises peuvent-elles s'en servir pour améliorer leur système de gestion et leur chiffre d'affaire ?

Pour la troisième année consécutive, le think and do tank Impact AI, accompagné par l'IFOP, publie les résultats de son étude sur la notoriété et l'image de l'intelligence artificielle (IA) auprès des Français. Ce sondage met en lumière l'omniprésence de l'intelligence artificielle, puisque 91% des Français en ont déjà entendu parler. 1 Français sur 2 déclare même savoir de quoi il s'agit précisément. Cependant seuls 27% d'entre eux disent avoir recours à des produits ou services à base d'IA dans leur vie personnelle. Dans le cadre de la vie professionnelle, ce chiffre tombe à 16%.

Pour les français, l'IA une image floue et parfois menaçante

Ces chiffres sont significatifs de la différence entre la perception que se font les Français de l'intelligence artificielle et la réalité de leur utilisation. Plus des deux tiers des Français se disent mal informés sur les possibilités offertes par l'IA et notamment dans les secteurs de la santé (66%), de l'environnement (69%) et de l'éducation (70%). Pourtant 76% d'entre eux sont conscients l'IA sera présente constamment dans l'avenir et 2 salariés sur 3 aimeraient être davantage sensibilisés aux conséquences et aux applications de l'IA au travail, conscients des enjeux. 44% des Français estiment que l'IA a des conséquences plutôt positives sur les performances au travail, 42% sur l'évolution des compétences et 40% sur le bien-être au travail. En revanche, ils sont 42% à penser que l'IA aura des conséquences plutôt négatives sur la pérennité de leur emploi qui tend petit à petit à s'estomper.

La crise sanitaire a changé la donne

Depuis le début de la crise sanitaire, 21% des Français ont une meilleure opinion de l'IA. 47% pensent qu'elle prend davantage d'importance dans le domaine de la santé et 43% dans celui de l'organisation du travail. 73% des Français déclarent que le développement d'une IA de confiance est un enjeu important, voire essentiel. Ils sont d'ailleurs 64% (+6 points vs 2019) à lui faire déjà confiance.

Selon Agnès Van de Walle, Présidente du collectif Impact AI et Directrice Partenaires et Start-ups Microsoft France.« Si la crise sanitaire a accéléré les usages du numérique, cette nouvelle édition du baromètre Impact AI montre qu'elle a également contribué à faire évoluer la perception des Français vis-à-vis de l'intelligence artificielle. Que cela soit dans leurs sphères professionnelles ou privées, les Français considèrent désormais majoritairement l'IA comme une voie vers le progrès si tant est que ses usages se font dans un cadre de confiance. En ce sens, notre collectif s'engage depuis déjà 3 ans en faveur du développement d'une IA responsable qui représente un enjeu majeur pour les Français et la société dans son ensemble. »

L'intelligence artificielle : quel intérêt pour les entreprises ?

Smart business, Big data ou Intelligence artificielle sont autant de terminologies qui désignent l'application de technologies modernes et performantes pour traiter des données propres à l'entreprise. Ce traitement se fait de manière automatique et dépasse largement l'efficacité et la précision obtenues par un cerveau   humain.
Une entreprise produit près de 2.5 trillions d'octets de données chaque jour. C'est surtout le cas des sociétés dont la majeure partie du travail se fait en ligne comme Yahoo, Google ou encore Facebook. Pour ces entreprises, l'utilisation des nouvelles technologies permet une implantation plus affirmée sur le marché du travail devenu de plus en plus compétitif.
L'intelligence artificielle permet donc une prise de décision plus rapide dans tous les domaines : service client, marketing, management, etc. Cette initiative entrepreneuriale a prouvé sa réussite avec les géants Microsoft, Apple et Amazon.

A quoi sert l'intelligence artificielle ?

Beaucoup d'entreprises ont intégré l'intelligence artificielle au cœur de leur organisation. Ce qui leur a permis de :
-mieux analyser et décrypter les exigences du marché
-créer des produits innovants
-proposer de nouveaux services adaptés aux besoins de la clientèle
-soumettre des services à mi-chemin entre l'intérêt de l'entreprise et les besoins du client
-introduire produits et services sur le marché rapidement pour défier la concurrence

-établir des rapports soudés avec le client
-bénéficier d'une marge d'intérêt conséquente.

Ce processus analytique permet donc une meilleure gestion des données relatives à l'entreprise. Citons alors l'exemple d'un des leaders français de l'hôtellerie « Accor ». En 2013, le groupe adapte dans sa stratégie entrepreneuriale la solution logicielle RTD (Real Time Decision). Cette technique permet d'orienter l'internaute vers les offres des sites du groupe en temps réel. Dès l'application de cette technique révolutionnaire, le taux de réservation de séjours et d'hôtels en ligne a explosé. Une réussite qui promet une croissante encore plus extraordinaire dans les années à venir.

Quel est l'avenir de l'intelligence artificielle en entreprise ?

Une chose est sûre, l'usage de l'intelligence artificielle au sein d'une entreprise est loin d'être un phénomène de mode. Ayant foncièrement modifié les techniques de travail, ce processus promet un avenir fleurissant. Il est difficile d'imaginer que les entreprises peuvent subitement s'en passer étant donné le gain de temps et d'argent que cette technologie permet. Néanmoins, il reste évident que ces techniques ne peuvent pas rester immuables au fil du temps. Difficile alors d'établir des standards propres à l'intelligence artificielle tant ses techniques évoluent continuellement parallèlement au développement de la programmation informatique. Une chose est sûre : toutes les entreprises qui n'ont pas opté pour ces techniques finiront, dans quelques années, par le regretter. Imaginez alors un TGV en compétition avec un train traditionnel ! Du point de vue compétitivité, seules les entreprises ayant adopté pour les technologies innovantes peuvent exister sur le marché. Prenons l'exemple du tchat en ligne : Zopim ou Twak. Une entreprise qui utilise ce type de logiciel peut parfaitement gérer ses rapports avec les clients. Seules les entreprises qui ajoutent à ce processus le test d'intelligence artificielle appelé « Turning », un service de pré-vente qui conseille les clients, pourront réellement dire qu'ils offrent un service à la clientèle performant.

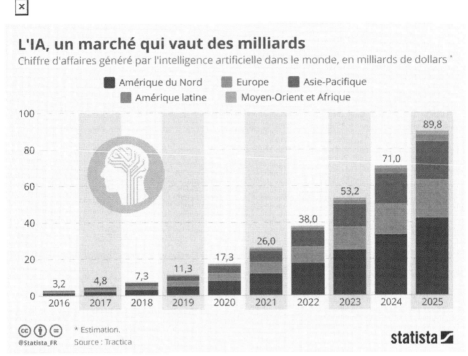

L'IA, un marché qui vaut des milliards

Chiffre d'affaires généré par l'intelligence artificielle dans le monde, en milliards de dollars *

- Amérique du Nord
- Europe
- Asie-Pacifique
- Amérique latine
- Moyen-Orient et Afrique

* Estimation.
Source : Tractica

@Statista_FR

statista

Selon l'institut CSA pour un sondage pour France inter et Libération l'intelligence artificielle présente des opportunités pour la vie quotidienne, mais 47% des Français considèrent que l'IA constitue plutôt une menace pour la protection de la vie privée 70% ainsi que pour l'emploi 64% et 48% des actifs pensent que leur travail pourra être à terme effectué par une machine, un chiffre qui s'élève à 68% chez les jeunes. L'avenir nous dira si ces craintes sont justifiées.

Nos Conseils pour profiter pleinement de l'intelligence artificielle

1- Plongez-vous dans le monde captivant de l'intelligence artificielle !

À mesure que le monde évolue à une vitesse vertigineuse, il devient crucial de rester à la pointe du progrès pour demeurer compétent dans notre domaine professionnel. L'intelligence artificielle (IA) se présente aujourd'hui comme l'une des technologies les plus prometteuses et révolutionnaires, remodelant notre manière de travailler, de communiquer et de relever les défis quotidiens.

Il est temps de vous immerger pleinement dans cet univers fascinant qu'est l'IA. N'ayez pas peur de l'IA ou de vous laisser dépasser par elle. Au contraire, prenez le temps de comprendre ses principes fondamentaux, ses multiples applications et ses innombrables potentialités. Cette démarche vous permettra non seulement de vous adapter aux changements, mais aussi d'anticiper les tendances et de saisir les opportunités qui s'offrent à vous.

L'IA a le pouvoir de transformer radicalement notre approche de la recherche d'emploi ou de missions professionnelles. Elle peut vous aider à analyser les offres d'emploi, à identifier les compétences les plus recherchées, à créer des CV et des lettres de motivation percutantes, et bien plus encore. Se lancer dans cette aventure, c'est ouvrir la porte à un monde de possibilités où les limites sont repoussées, et où le succès est à portée de main.

2- Accélérer considérablement votre production avec les outils IA

Grâce à l'IA, vous pouvez accélérer considérablement votre production tout en améliorant la qualité.

"Dans un monde compétitif où le temps est précieux et la qualité indispensable, l'IA, telle que ChatGPT, se présente comme un atout incontournable pour augmenter vos performances."

"L'IA, notamment les outils comme ChatGPT, vous permet de gagner un temps précieux sur de multiples tâches, telles que la rédaction et l'analyse de données. Elle génère des idées, optimise vos écrits et bien plus, à une vitesse fulgurante, tout en rivalisant avec la précision et la qualité du travail humain."

"Mais au-delà de la rapidité et de la qualité, l'IA vous offre également une constance inébranlable. Elle ne connaît ni fatigue, ni perte de temps, ni distraction, toujours prête à travailler à pleine capacité, 24 heures sur 24, 7 jours sur 7."

3- Gardez vos prompts en sécurité dans une application de notes

Afin de poursuivre votre quête vers le succès et l'excellence, il est primordial de rester bien organisé et de préserver les ressources qui vous aident à avancer. Lorsque vous explorez le passionnant univers de l'intelligence artificielle, vous serez amenés à interagir avec des "prompts" - ces courtes phrases, questions ou commandes qui guident l'IA pour générer des réponses adaptées à vos besoins.

Imaginez avoir trouvé le prompt parfait, celui qui vous a permis de créer un CV remarquable ou une présentation captivante. Ce serait dommage de ne pas conserver cette précieuse information, n'est-ce pas ? C'est pourquoi il est essentiel de sauvegarder vos prompts dans un outil de prise de notes, que ce soit un carnet traditionnel, un document Word, ou une application comme Evernote, Google Keep ou Microsoft OneNote.

En procédant ainsi, vous pourrez aisément retrouver vos prompts les plus efficaces et les réutiliser à volonté, vous faisant ainsi économiser un temps précieux dans votre recherche d'emploi ou de missions. De plus, vous aurez la possibilité de les affiner et de les adapter au fil du temps, selon vos besoins et vos objectifs.

4- Soyez conscient(e) que l'IA peut commettre des erreurs

L'intelligence artificielle constitue une technologie remarquable qui peut vous aider à repousser les frontières du possible et à concrétiser vos aspirations professionnelles. Cependant, il est crucial de garder à l'esprit que, malgré sa puissance et son potentiel, l'IA n'est pas infaillible. Comme toute création humaine, elle possède ses propres limites et peut se tromper.

N'oubliez pas que l'IA demeure un outil extraordinaire, mais qu'elle ne peut en aucun cas remplacer votre expérience, votre intuition, votre expertise et vos connaissances. En tant que cadre, votre rôle consiste à utiliser l'IA avec prudence, en complément de vos compétences, afin d'optimiser vos performances et prises de décisions.

Votre rôle en tant qu'entrepreneur est de savoir discerner quand l'IA se trompe et de corriger le tir en conséquence. Vous êtes le maître à bord, et c'est à vous de prendre les décisions qui façonneront votre avenir professionnel.

Ne soyez pas aveuglés par la fascination qu'exerce l'IA. Restez vigilants, questionnez les réponses qu'elle vous fournit et n'hésitez pas à remettre en cause ses suggestions si elles vous semblent inappropriées ou erronées. Après tout, c'est votre carrière qui est en jeu, et vous seul êtes responsable de votre succès.

Deuxième partie : Utilisez l'intelligence artificielle pour propulser votre business en ligne et au-delà

L'intelligence artificielle (IA) représente une révolution majeure dans le domaine des affaires en ligne. Cette technologie s'appuie sur des algorithmes sophistiqués pour permettre aux systèmes informatiques de simuler des processus cognitifs humains tels que l'apprentissage, la prise de décision, la perception et le traitement du langage. L'IA est devenue un élément clé de nombreux secteurs, y compris le commerce en ligne, où elle offre de nombreuses opportunités d'amélioration des performances et de transformation des entreprises.

L'impact de l'IA sur les entreprises en ligne

1. Opportunités de l'IA dans les entreprises en ligne :

a. Amélioration de l'expérience client : L'IA permet aux entreprises en ligne de personnaliser les interactions avec les clients, en utilisant des recommandations personnalisées, des chatbots intelligents pour le support client et une compréhension accrue des préférences individuelles.

b. Optimisation des processus opérationnels : L'IA peut automatiser certaines tâches répétitives et chronophages, améliorant ainsi l'efficacité opérationnelle, réduisant les erreurs et permettant aux employés de se concentrer sur des tâches à plus forte valeur ajoutée.

c. Prise de décision éclairée : Grâce à l'IA, les entreprises peuvent analyser de vastes ensembles de données en temps réel, en tirant des informations pertinentes pour guider les décisions stratégiques, marketing et financières.

d. Développement de produits innovants : L'IA favorise la création de nouveaux produits et services, en anticipant les besoins des clients et en identifiant les tendances du marché.

2. Défis de l'IA dans les entreprises en ligne :

a. Confidentialité et sécurité des données : L'utilisation de l'IA implique la collecte et le traitement de grandes quantités de données, ce qui peut augmenter les risques de violations de données et de confidentialité.

b. Coût et complexité de mise en œuvre : L'intégration de l'IA dans une stratégie commerciale en ligne peut être coûteuse et nécessiter des compétences techniques spécialisées.

c. Acceptation par les clients : Certaines personnes peuvent être réticentes à interagir avec des systèmes d'IA, préférant une interaction humaine, ce qui peut limiter l'adoption de certaines technologies.

d. Biais algorithmiques : Les systèmes d'IA peuvent être sujets à des biais s'ils sont formés sur des données historiques non représentatives, ce qui peut entraîner des décisions discriminatoires ou injustes.

B. Pourquoi intégrer l'IA dans votre stratégie commerciale en ligne

-       L'intégration de l'IA dans la stratégie commerciale en ligne peut offrir un avantage concurrentiel significatif. Voici quelques raisons pour lesquelles il est essentiel d'envisager d'adopter l'IA dans votre entreprise en ligne :

-       Amélioration de la satisfaction client : L'IA permet de fournir une expérience client personnalisée, répondant aux besoins individuels et augmentant ainsi la satisfaction et la fidélité des clients.

-       Optimisation des processus internes : L'automatisation des tâches permet d'augmenter l'efficacité opérationnelle, de réduire les erreurs et d'améliorer la productivité globale.

-       Prise de décision éclairée : L'IA fournit des informations basées sur des données, permettant une prise de décision plus rapide et plus précise.

\-   Adaptation aux tendances du marché : L'IA aide à identifier les tendances émergentes, permettant aux entreprises de s'adapter rapidement aux évolutions du marché.

\-   Innovation continue : En utilisant l'IA pour développer de nouveaux produits et services, les entreprises peuvent se démarquer et rester compétitives sur le long terme.

\-   Réduction des coûts à long terme : Bien que l'intégration initiale de l'IA puisse être coûteuse, à long terme, elle peut réduire les coûts opérationnels grâce à l'automatisation.

Les fondements de l'IA pour les entrepreneurs en ligne

A. Les différentes formes d'IA et leurs caractéristiques

L'intelligence artificielle (IA) est une technologie émergente qui offre de nombreuses opportunités aux entrepreneurs en ligne. Il existe plusieurs formes d'IA, chacune avec ses caractéristiques distinctes. Les trois principales catégories d'IA sont :

-       L'IA faible (ou IA étroite) : Cette forme d'IA est spécifiquement conçue pour exécuter des tâches très spécifiques et limitées. Elle excelle généralement dans un domaine particulier, comme la reconnaissance d'image, le traitement du langage naturel, ou la prise de décision dans des situations bien définies. Cependant, elle ne peut pas s'adapter à des tâches en dehors de son champ d'application initial.

-       L'IA forte (ou IA générale) : Contrairement à l'IA faible, l'IA forte est dotée d'une capacité d'apprentissage et d'adaptation beaucoup plus avancée. Elle peut traiter une variété de tâches et de problèmes complexes, tout en étant capable de s'auto-améliorer grâce à l'apprentissage continu. Cependant, à l'heure actuelle, l'IA forte n'est pas encore pleinement réalisée et reste un domaine de recherche en développement.

-       L'IA super-intelligente : Cette forme hypothétique d'IA dépasse largement les capacités cognitives humaines et demeure un sujet de débat éthique et philosophique. Pour l'instant, l'IA super-intelligente reste au stade de la fiction, mais elle soulève des questions cruciales sur l'impact potentiel sur la société si elle venait à être développée à l'avenir.

B. Comment l'IA apprend et évolue

L'une des caractéristiques les plus remarquables de l'IA est sa capacité à apprendre à partir des données et à évoluer avec l'expérience. Le processus d'apprentissage de l'IA est généralement divisé en trois catégories :

- L'apprentissage supervisé : Dans ce mode d'apprentissage, l'IA est alimentée avec un ensemble de données d'entraînement contenant des exemples clairement étiquetés, indiquant la réponse correcte pour chaque cas. L'algorithme d'IA utilise ces exemples pour apprendre à associer correctement les entrées aux sorties, et ainsi, il peut généraliser et donner des réponses précises à de nouvelles données.

- L'apprentissage non supervisé : Contrairement à l'apprentissage supervisé, l'IA n'est pas fournie avec des étiquettes pour les données d'entraînement dans ce mode d'apprentissage. L'objectif est de découvrir des structures cachées ou des schémas intrinsèques dans les données, ce qui permet à l'IA de regrouper les informations de manière significative et d'identifier des corrélations sans guidage explicite.

- L'apprentissage par renforcement : Ce type d'apprentissage consiste à entraîner l'IA en lui fournissant un environnement interactif où elle peut prendre des actions et observer les récompenses ou les punitions en fonction de ses choix. L'IA apprend alors à optimiser ses actions pour maximiser les récompenses et améliorer ses performances au fil du temps.

C. La collecte de données et l'importance de la qualité des données

Pour que l'IA puisse apprendre de manière efficace, la collecte de données de qualité est essentielle. Les entrepreneurs en ligne doivent comprendre l'importance capitale de disposer de données pertinentes, précises et représentatives pour obtenir des résultats fiables de leurs systèmes d'IA. Voici quelques points clés à considérer :

- Volume de données : Plus les données sont nombreuses, plus l'IA aura de matériel pour apprendre et généraliser correctement. Un ensemble de données trop petit peut conduire à un modèle d'IA surajusté, incapable de faire face à des cas inédits.

- Qualité des données : Des données de mauvaise qualité, c'est-à-dire erronées, incomplètes ou biaisées, peuvent conduire à des résultats incorrects et préjudiciables. Il est essentiel de mettre en place des processus de contrôle de la qualité des données pour garantir leur fiabilité.

- Représentativité des données : Les données utilisées pour entraîner l'IA doivent représenter fidèlement la diversité des situations auxquelles l'IA sera confrontée en conditions réelles. Si les données d'entraînement sont biaisées ou ne couvrent qu'une partie du spectre, l'IA peut être encline à prendre des décisions inappropriées.

Analyse des données et prise de décision améliorées grâce à l'IA

A. L'IA pour l'analyse des données commerciales :

L'intelligence artificielle (IA) a révolutionné la façon dont les entreprises analysent les données commerciales. Grâce à ses capacités avancées de traitement, d'apprentissage automatique et d'analyse prédictive, l'IA a permis aux entreprises de mieux comprendre leurs opérations et de prendre des décisions plus éclairées.

L'une des principales utilisations de l'IA dans l'analyse des données commerciales est la collecte et l'intégration de vastes ensembles de données provenant de sources multiples, telles que les transactions clients, les historiques d'achats, les interactions sur les réseaux sociaux, les données de production, et bien plus encore. L'IA peut traiter ces données massives de manière efficace et rapide, permettant aux entreprises de gagner un avantage concurrentiel en identifiant des opportunités et des tendances cachées.

B. Utiliser l'IA pour identifier les tendances et les comportements des clients :

L'une des applications les plus puissantes de l'IA dans le domaine commercial est l'identification des tendances et des comportements des clients. Les données des clients sont une mine d'informations précieuses, mais leur analyse manuelle peut être fastidieuse et peu précise. C'est là que l'IA intervient.

En utilisant des algorithmes d'apprentissage automatique, l'IA peut analyser en profondeur les données des clients pour détecter des modèles et des tendances significatives. Par exemple, elle peut identifier les produits ou services les plus populaires à certaines périodes de l'année, prédire les préférences futures des clients en fonction de leur historique d'achats, ou même repérer les signaux indiquant une baisse potentielle de la satisfaction client.

Grâce à ces informations, les entreprises peuvent personnaliser leurs offres, améliorer leur service client, et concevoir des campagnes marketing plus ciblées. Cette approche basée sur les données permet de mieux répondre aux besoins des clients et d'accroître la fidélité à la marque.

C. Prendre des décisions éclairées basées sur les insights de l'IA :

L'une des principales forces de l'IA réside dans sa capacité à fournir des insights précis et exploitables à partir des données commerciales. Ces insights permettent aux dirigeants et aux gestionnaires de prendre des décisions plus éclairées et stratégiques pour leur entreprise.

En s'appuyant sur les analyses de l'IA, les entreprises peuvent anticiper les fluctuations du marché, optimiser leurs stocks et leurs approvisionnements, identifier les opportunités de croissance, et même anticiper les besoins en ressources humaines. Par exemple, en observant les données passées et les tendances du marché, l'IA peut aider à déterminer le moment le plus opportun pour lancer un nouveau produit ou service.

Cependant, il est essentiel de souligner que l'IA n'est pas une solution miracle, et qu'elle doit être utilisée en complément des connaissances et de l'expertise humaines. Les décisions finales devraient toujours être prises en tenant compte des facteurs humains, des valeurs de l'entreprise et du contexte global.

Optimisation des opérations commerciales grâce à l'IA

A. Automatisation des processus grâce à l'IA

Dans un monde en perpétuelle évolution, l'automatisation des processus par l'Intelligence Artificielle (IA) s'impose comme une révolution majeure. Jadis réservée à l'imaginaire futuriste, cette technologie trouve aujourd'hui sa place au cœur de nos entreprises et de nos vies. Grâce à l'IA, les tâches répétitives et fastidieuses qui accaparaient autrefois de précieuses ressources humaines sont désormais confiées à des systèmes intelligents, permettant à nos équipes de se concentrer sur des missions à plus forte valeur ajoutée. Ainsi, libérés de ces contraintes, nous pouvons enfin exploiter pleinement notre potentiel créatif et développer des idées novatrices pour construire un avenir plus radieux.

B. Gestion améliorée de la chaîne d'approvisionnement avec l'IA

Une chaîne d'approvisionnement optimisée est le pilier fondamental d'une entreprise prospère. C'est là qu'intervient la puissance de l'Intelligence Artificielle, qui révolutionne la manière dont nous gérons notre logistique. Grâce à des algorithmes sophistiqués et à l'apprentissage automatique, l'IA est capable d'analyser d'énormes quantités de données en temps réel, prédisant les fluctuations du marché, anticipant les demandes des consommateurs et optimisant les itinéraires de livraison. La gestion de la chaîne d'approvisionnement est désormais plus agile, plus résiliente et plus efficiente que jamais. Nous réduisons ainsi les délais de livraison, minimisons les coûts, et faisons un pas de géant vers une planète plus durable en évitant les gaspillages inutiles.

C. Réduction des coûts grâce à l'efficacité de l'IA

La réduction des coûts est l'une des priorités principales de toute entreprise, et l'Intelligence Artificielle est devenue notre alliée de taille dans cette quête. En optimisant nos processus, en évitant les erreurs humaines, et en améliorant la prise de décision, l'IA nous offre un levier puissant pour économiser des ressources précieuses. Grâce à des analyses prédictives, nous sommes désormais capables d'identifier les domaines où des économies peuvent être réalisées, sans sacrifier la qualité de nos produits ou services. L'IA nous permet également de mieux comprendre nos clients, d'ajuster nos stratégies commerciales en conséquence, et de gagner ainsi en compétitivité sur le marché.

En conclusion, l'Intelligence Artificielle ouvre la voie vers un avenir prometteur, où l'automatisation, la gestion optimisée de la chaîne d'approvisionnement et la réduction des coûts seront les piliers de notre succès. Il est temps de saisir cette opportunité, de se réinventer, et d'embrasser pleinement cette révolution technologique pour façonner un monde meilleur, plus efficient et plus durable. Ensemble, nous construirons un avenir où l'IA sera le moteur de notre réussite et de notre prospérité.

Personnalisation et expérience client améliorée grâce à l'IA

A. Personnalisation des offres et des recommandations basées sur l'IA

Dans un monde en constante évolution où la technologie joue un rôle central dans nos vies, l'intelligence artificielle se révèle être une alliée précieuse pour les entreprises cherchant à satisfaire au mieux leurs clients. L'une des applications les plus bénéfiques de l'IA est la personnalisation des offres et des recommandations.

Grâce à l'IA, les entreprises peuvent désormais analyser des volumes massifs de données sur les comportements d'achat, les préférences et les habitudes des clients. En utilisant des algorithmes sophistiqués, les modèles d'IA apprennent à connaître chaque client individuellement, permettant ainsi de proposer des offres et des produits qui correspondent parfaitement à leurs besoins et à leurs goûts.

Imaginez-vous entrer dans un magasin en ligne, et dès la page d'accueil, vous êtes accueilli(e) par des recommandations de produits qui semblent avoir été sélectionnés spécialement pour vous. Grâce à l'IA, les entreprises peuvent anticiper vos besoins, basées sur votre historique d'achat, vos préférences déclarées, vos recherches récentes, et même des facteurs contextuels tels que la météo ou les tendances actuelles.

Cette personnalisation poussée va au-delà des simples recommandations de produits. Les offres promotionnelles, les programmes de fidélité et les services d'abonnement peuvent également être adaptés individuellement, créant ainsi une expérience client inégalée et renforçant la satisfaction et la loyauté des clients.

B. Utilisation de l'IA pour améliorer le service client et l'assistance

La qualité du service client est un pilier fondamental de la réussite de toute entreprise. Avec l'essor de l'intelligence artificielle, les entreprises peuvent désormais offrir un service client plus rapide, plus efficace et plus personnalisé que jamais auparavant.

L'IA permet d'automatiser certaines tâches répétitives du service client, telles que la réponse à des questions courantes ou le suivi des commandes. Les chatbots et les assistants virtuels sont des exemples concrets d'applications d'IA qui offrent une assistance instantanée 24h/24 et 7j/7, sans délai d'attente, améliorant ainsi l'expérience client.

Mais ce n'est pas tout. L'IA peut également analyser les interactions avec les clients pour comprendre leurs besoins et leurs préoccupations, même lorsqu'ils n'expriment pas explicitement leur mécontentement. Grâce à l'apprentissage automatique, les modèles d'IA peuvent détecter les sentiments et les émotions dans les conversations écrites ou vocales, permettant aux agents du service client d'adapter leur approche et de résoudre les problèmes de manière plus empathique.

Par ailleurs, l'IA permet d'anticiper les problèmes potentiels en analysant les données clients et en identifiant les tendances et les schémas récurrents. Cela permet aux entreprises de prendre des mesures préventives, évitant ainsi des problèmes majeurs et améliorant la satisfaction globale des clients.

C. Créer des expériences utilisateur uniques grâce à l'IA

L'intelligence artificielle transcende les frontières du possible en matière d'expérience utilisateur. En combinant des technologies telles que l'apprentissage automatique, la vision par ordinateur et le traitement du langage naturel, les entreprises peuvent créer des expériences uniques et captivantes pour leurs utilisateurs.

Imaginez-vous entrer dans un magasin physique, et les miroirs intelligents présents dans les cabines d'essayage vous recommandent des tenues en fonction de votre style vestimentaire préféré et de votre morphologie. Ces miroirs peuvent également ajuster virtuellement les vêtements pour vous montrer à quoi ils ressembleraient dans une taille différente ou avec une couleur alternative.

Dans le domaine du divertissement, l'IA révolutionne la manière dont les contenus sont proposés aux utilisateurs. Les plateformes de streaming utilisent l'IA pour analyser les préférences de visionnage de chaque utilisateur et leur suggérer des films et des séries susceptibles de les intéresser, créant ainsi des listes de recommandations personnalisées.

L'IA est également utilisée pour concevoir des interfaces utilisateur adaptatives. Les applications et les sites web peuvent s'ajuster automatiquement en fonction des préférences de chaque utilisateur, rendant l'expérience de navigation plus fluide et intuitive.

L'IA et le marketing en ligne

A. Le rôle de l'IA dans le marketing numérique:

Dans l'ère moderne du marketing numérique, l'Intelligence Artificielle (IA) joue un rôle crucial en transformant la façon dont les entreprises interagissent avec leur public. L'IA est devenue un allié incontournable pour les spécialistes du marketing, car elle permet de gagner en efficacité, en précision et en pertinence dans leurs campagnes. Grâce à ses capacités d'analyse avancées et à son apprentissage automatique, l'IA offre des avantages inégalés dans la compréhension des comportements des consommateurs, l'optimisation des campagnes publicitaires et la génération de leads.

B. Optimisation des campagnes publicitaires grâce à l'IA:

L'IA révolutionne la manière dont les campagnes publicitaires sont conçues et déployées. En exploitant d'énormes quantités de données, l'IA peut cibler précisément les audiences les plus pertinentes pour un produit ou un service donné. Grâce à des algorithmes sophistiqués, l'IA analyse les préférences, les habitudes d'achat et les comportements en ligne des consommateurs pour anticiper leurs besoins.

En utilisant l'IA, les spécialistes du marketing peuvent créer des publicités personnalisées, susceptibles de capter l'attention des clients potentiels. Ces publicités s'adaptent en temps réel en fonction des réactions des utilisateurs, optimisant ainsi leur efficacité. De plus, l'IA permet une gestion intelligente des budgets publicitaires en allouant les ressources aux canaux les plus performants, améliorant ainsi le retour sur investissement (ROI) des campagnes publicitaires.

C. L'IA pour la génération de leads et l'expansion de la clientèle:

La génération de leads est un élément essentiel de toute stratégie marketing réussie, et c'est un domaine où l'IA brille particulièrement. Grâce à ses capacités de traitement de données massives, l'IA peut identifier des leads potentiels en analysant les profils en ligne, les interactions sur les réseaux sociaux, les comportements de navigation, et bien plus encore. Cette analyse approfondie permet de qualifier les prospects et de déterminer les prospects les plus susceptibles de devenir des clients.

En outre, l'IA facilite également l'expansion de la clientèle en automatisant certains processus de marketing et de vente. Par exemple, les chatbots alimentés par l'IA peuvent engager les visiteurs du site, répondre à leurs questions, et les diriger efficacement vers les produits ou services qui répondent à leurs besoins spécifiques. Cette interaction automatisée offre une expérience client améliorée, favorisant ainsi la fidélité et la rétention des clients.

L'IA et l'avenir du commerce en ligne

A. Tendances émergentes de l'IA dans le monde du commerce en ligne

L'intelligence artificielle (IA) est en train de révolutionner le monde du commerce en ligne, ouvrant de nouvelles possibilités et transformant la manière dont les entreprises interagissent avec leurs clients. De nombreuses tendances émergentes montrent comment l'IA façonne l'avenir du commerce en ligne.

- Personnalisation avancée : L'IA permet aux entreprises de comprendre les préférences individuelles des clients en analysant leurs données d'achat, de navigation et de comportement. Grâce à ces informations, les sites web et les plateformes de commerce en ligne peuvent proposer des recommandations personnalisées, améliorant ainsi l'expérience d'achat et augmentant les taux de conversion.

- Assistance virtuelle : Les chatbots et les assistants virtuels deviennent de plus en plus sophistiqués grâce à l'IA. Ils offrent un support client 24h/24 et 7j/7, répondent rapidement aux questions des clients et les guident tout au long du processus d'achat, améliorant ainsi la satisfaction client.

- Analyse prédictive : L'IA permet aux entreprises de prédire les tendances du marché et les comportements des clients. Ces analyses prédictives aident les entreprises à anticiper la demande, à optimiser les stocks, et à ajuster leur stratégie de prix pour maximiser les bénéfices.

- Automatisation des processus : L'IA automatise de nombreuses tâches, telles que la gestion des stocks, la logistique, et même le marketing. Cela permet aux entreprises de gagner en efficacité, de réduire les coûts opérationnels et d'améliorer la précision des processus.

- Réalité augmentée (RA) et réalité virtuelle (RV) : L'IA est associée à la RA et à la RV pour offrir aux clients des expériences d'achat immersives. Par exemple, les clients peuvent essayer virtuellement des vêtements ou des meubles avant de les acheter, ce qui réduit les retours et améliore la satisfaction client.

B. Les défis futurs de l'utilisation de l'IA dans les affaires en ligne

Bien que l'IA présente des opportunités considérables pour les entreprises en ligne, elle n'est pas sans défis. Les défis futurs incluent :

- Sécurité et confidentialité : Avec l'augmentation des données collectées par l'IA, les entreprises doivent renforcer leurs mesures de sécurité pour protéger les informations sensibles des clients et éviter les violations de données.

- Biais algorithmique : Les systèmes d'IA sont aussi bons que les données sur lesquelles ils sont formés. Si les données historiques contiennent des biais, l'IA risque de reproduire ces inégalités, notamment dans la recommandation de produits ou le ciblage publicitaire.

Transparence et explicabilité : Les décisions prises par les algorithmes d'IA peuvent sembler opaques pour les clients et même pour les entreprises elles-mêmes. Il est essentiel de développer des modèles explicables pour que les utilisateurs comprennent comment les décisions sont prises.

Adaptation aux changements : Les technologies d'IA évoluent rapidement, et les entreprises doivent être prêtes à s'adapter aux nouvelles tendances pour rester compétitives.

C. Conseils pour rester compétitif à mesure que l'IA évolue

Pour rester compétitif à mesure que l'IA évolue dans le commerce en ligne, voici quelques conseils clés :

-        Investir dans la collecte de données de qualité : Des données précises et pertinentes sont essentielles pour former des modèles d'IA performants. Les entreprises devraient s'efforcer de collecter et d'analyser des données de haute qualité pour améliorer leurs systèmes d'IA.

-        Établir la confiance avec les clients : La transparence quant à l'utilisation de l'IA et la protection des données renforcent la confiance des clients. Les entreprises devraient communiquer clairement sur leur utilisation de l'IA et garantir la confidentialité des informations personnelles des clients.

-        Former et requalifier le personnel : L'adoption de l'IA peut nécessiter de nouvelles compétences. Il est donc crucial de former le personnel actuel et de recruter des talents dotés de compétences en IA pour exploiter pleinement les opportunités offertes par cette technologie.

-        Être ouvert aux partenariats : Les entreprises peuvent collaborer avec des start-ups spécialisées en IA pour accélérer leur développement technologique. Les partenariats stratégiques peuvent aider à combler les lacunes en termes de compétences et de capacités.

-        Adopter une approche éthique : Il est primordial d'intégrer des considérations éthiques dans l'utilisation de l'IA.

Les entreprises devraient développer des politiques d'utilisation responsable de l'IA pour éviter les pratiques discriminatoires ou intrusives.

En suivant ces conseils, les entreprises en ligne peuvent capitaliser sur les tendances émergentes de l'IA, relever les défis futurs et rester compétitives dans un paysage commercial en constante évolution.

🎁 Bonus exclusif : Les meilleurs outils IA pour booster votre business web et augmenter vos revenus

Module 1 : Rédiger des textes

1. **Jasper.ai & Copy.ai** : Outil d'écriture pour vous en rédaction (Article de blog optimisés SEO - Script de vidéos Youtube - Postes twitter ou instagram etc)

2. **writesonic.com** : Elle permet d'écrire des articles tout en vous laissant intervenir à chaque étape pour plus de liberté. Vous définissez le sujet, l'IA vous propose des idées de titres, puis des idées d'introduction, et pour finir un plan.

3. **paraphrasetool.com** : pour ceux qui rédigent du contenu, un outil incroyable qui permet de paraphraser vos écrits..De reformuler en 1 seconde des paragraphes entiers !

4. **textcortex.com** : Pour améliorer votre rédaction en ligne, réécrire vos phrases, vos mails, créer un article à partir d'un titre, résumer, compléter vos textes.

5. **Tribescaler** : Des idées de contenu, de titre et d'accroche en un éclair

6. **Quillbot.com** : Pour ceux qui ont besoin de copier du contenu sans se faire attraper ! Il

permet de réécrire de manière classique, formelle, créative ou même de rallonger et raccourcir des textes.

7. **rytr.me** : Rédigez comme un copywriter expérimenté en quelques secondes avec cette IA. Vous pouvez même choisir le TON de votre copy, qu'il soit formel, persuasif, informatif..

8. **Percent Human & GPTradar & CopyLeaks & Willieai.com & Originality.ai & Hugging Face & PemOfQuotes & GPTZero & Sapling.ai & GPTKit &** : Rédiger du contenu sans rien faire c'est bien..mais vous pouvez aussi savoir si du contenu a été rédigé par IA c'est bien aussi, surtout quand on est professeur ou rédacteur en chef

9. **ChatGpt :** capable de générer un texte, à partir d'une question que vous lui posez, et de vous répondre en langage naturel, comme si vous aviez quelqu'un en face de vous : elle peut donner une information, mais aussi des idées !

10. **Hyrable - Un rédacteur de descriptions d'emploi alimenté par l'IA pour les recruteurs.**

Module 2 : Automatiser vos TÂCHES

11.   Make.com : permet d'automatiser N'IMPORTE QUELLE TÂCHE. Vous pouvez connecter des centaines d'applications et automatiser des actions entre elles sous forme de système.

12.   fireflies.ai : Vous avez une réunion cette semaine mais vous avez du mal à prendre des notes ? Cette IA prend toutes les notes. Elle sépare les différents types d'informations selon leur utilités (Tâches, deadline, horaires, objectifs, métriques..)

13.   Promptly : La gestion des messages instantanés simplifiée.

14.   Podsqueeze : Générez des notes d'affichage, des horodatages, des bulletins d'information et plus encore pour votre podcast en un clic.

15.   repurpose.io : vous pouvez automatiser la publication de vidéos courtes sur plusieurs plates-formes, telles que TikTok, IG Réels et YouTube Shorts

Module 3 : Comment utiliser l'IA pour réaliser les images ?

16. **MidJourney :** outil artistique très puissant capable de créer des images et animation à partir de textes entrés par l'utilisateur

17. **skylum.com :** utilise l'intelligence artificielle pour modifier la lumière, changer le background, supprimer proprement des éléments..(comme Photoshop). Très utile si vous faîtes de la photographie ou du e-commerce.

18. **RunwayML :** permettant aux artistes d'utiliser des outils d'apprentissage automatique de manière intuitive sans aucune expérience de codage pour les médias allant de la vidéo, de l'audio au texte. Sur RunwayML, les utilisateurs peuvent créer et publier des modèles d'apprentissage automatique pré-formés pour des applications telles que la génération d'images photoréalistes ou de légendes d'images.

19. **restorephotos.io :** retouche et améliore vos photos en une seconde d'une manière impressionnante

20. **looka.com** : pour la création de logos basés sur le nom de la marque et le slogan. Vous avez la possibilité d'effectuer des variations sur les différents éléments comme les couleurs, le texte.

21. **playgroundai.com** : En plus de pouvoir créer des images tout aussi complexes et stylisées, elle a un avantage..Elle est capable de changer des détails sans jamais dénaturer l'image de base.

22. **remini.ai** : Améliorez x10 la qualité de vos photos grâce à cette IA

23. **TomeApp** : Créer des modèles 3D

24. **app.supermeme.ai** : IA qui vous aide à créer des memes en quelques secondes à partir d'une simple phrase. L'IA va vous proposez différentes templates d'images et quelques variantes de textes.

25. **umalabs.ai** : On peut désormais créer des objets en 3D à partir d'un simple prompt.

26. **Stable Diffusion :** permet de générer des images numériques photoréalistes à partir de descriptions en langage naturel

27. **Skylum :** pour la retouche photos

28. **getalpaca.io :** vous pouvez créer des visuels dans le style de votre choix.

29. **promptbase.com :** Vous êtes créatif et vous maîtrisez bien le text-to-image ? Cet outil vous permet de vendre vos idées de prompts d'IA à l'infini à des milliers de personnes via sa marketplace

30. **Scribbler :** Dessinez de belles œuvres d'art.

31. **Muse :** générateur puissant d'images - transformateur de texte en image

Module 4 : Comment utiliser l'IA pour réaliser les vidéos ?

32. **fliki.ai & coqui.ai & play.ht:** Créez des vidéos à partir de scripts ou d'articles de blog en utilisant des voix réalistes en 2 minutes !

33. **CutOut** : Pour des effets visuels digne de ce nom

34. **atermark Remover** : Supprimer instantanément les filigranes de vos vidéos

35. **runwayml.com :** Pour de la retouche photo ou du montage vidéo, c'est carrément magique tellement il n'y a rien à faire

36. **synthesia.io** :Vidéo et voix

37. **YouTube Summary with ChatGPT** : L'extension YouTube Summary apparaît à côté de n'importe quelle vidéo sur YouTube, affichant la transcription YouTube lorsqu'on clique dessus. Elle permet de gagner du temps, ce qui en fait l'une des meilleures extensions Chrome ChatGPT.

38. **Summarize** : L'extension Chrome Summarize fait la même chose que YouTube Summary, mais pour du texte, ce qui permet d'obtenir un résumé concis en quelques secondes.

39. **poly.cam** : pour scanner ce qui vous entoure et le transposer en 3D. Parfait pour les architectes, designers d'intérieurs, artistes 3D et tout ce que vous pouvez imaginer !

Module 5 : Comment utiliser l'IA pour vos publications sur les réseaux sociaux ?

40. **adcreative.ai** : Générez des créations publicitaires axées conversion et des messages dédiés aux réseaux sociaux en quelques secondes.

Module 6 : Comment utiliser l'IA pour réaliser la voix ?

41.   **VALL-E** : une IA de "text to speech" fonctionnant comme un ChatBot mais avec des voix synthétiques utilisables.

42.   **murf.ai** : est une solution si vous avez besoin de voix off synthétiques pour n'importe quel projet

43.   Koe Recast - Transformez votre voix en utilisant Al.

Module 7 : Comment utiliser l'IA pour programmer en informatique ?

44. **Github Copilot :** Pour les développeurs et codeurs, vous pouvez utiliser GitHub Copilot pour obtenir des suggestions de type auto complétion de la part d'un programmeur en binôme d'IA pendant que vous codez.

45. **Replit.com** : Ecrire du code 10 fois plus rapidement

46. **Atri Labs** : Le framework web Python pour construire des applications étonnantes.

47. **Lume** : Automatiser les intégrations de données sans code.

48. **DuckAssist** : Une nouvelle fonctionnalité qui génère des réponses en langage naturel aux requêtes de recherche en utilisant Wikipedia dans le navigateur DuckDuckGo.

49. **Fini** : Transformez votre base de connaissances en un chat Al, en 2 minutes.

50. **Phind :** Le moteur de recherche Al pour les développeurs.

51. **MIDI-GPT** : pour les développeurs, vous pouvez utiliser pour générer des fichiers MIDI à partir de requêtes en langage naturel.

52. **Codeverter** : Convertissez du code dans le langage de programmation de votre choix

53. **Mottle** : Construire un chatbot à partir d'un simple fichier txt sans codage.

Module 8 : Comment utiliser l'IA pour faire des créations ?

54. **gptagent.com** : Vous pouvez créer une application intégrant ChatGPT sans savoir coder !

55. **profilepicture.ai** : Pour obtenir des avatars uniques en un instant

56. **Delphi :** crée des clones Al pour recevoir des conseils de leadership de vos présidents américains préférés.

57. **Movio :** Créez votre avatar personnalisé en 3 min seulement.

Module 09 : Comment utiliser l'IA pour votre site web ?

56. 10web.io : Elle vous permet de créer des sites web en quelques secondes en copiant des sites existants ou simplement en lui donnant des instructions

57. **Read Easy :** Rend le texte de votre site Web ou de votre application facile à lire pour les personnes peu alphabétisées.

58. **Empy AI :** Promouvoir le langage empathique dans votre espace de travail Slack.

59. **Botz :** Mettez votre blog en pilote automatique avec AI

Module 10 : Comment utiliser l'IA pour réaliser les audios ?

60. **lalal.ai** : vous pouvez TOUT séparer dans la musique (les instruments, les voix, les effets, tout !)

Module 11 : Comment utiliser l'IA pour les affaires juridiques ?

61. **Legalslang** : Transformez un texte juridique complexe en language simple.

62. **Al lawyer** : Obtenez des conseils juridiques instantanés et des outils de création de documents.

Module 12 : Comment utiliser l'IA pour la comptabilité ?

63. **Truewind :** Comptabilité et finance pour les startups.

Cadeau:

64. **deepswap.ai** : Faire des deepfake n'a JAMAIS été aussi simple et accessible

65. **ChatGPT template in FlutterFlow** : Lancez votre propre version de chatGPT.

66. **FinalScout** : Chasseur d'emails pour Linkedin.

67. **Curriculum Vitae Worded** : Votre CV et profil LinkedIn optimisés en direct

68. **Chatbcg.com** : Créer des powerpoints en quelques secondes

69. Willy - Votre assistant de commerce électronique Al de

70. Triple Whale qui changera la façon dont vous analysez, prévoyez et gérez votre entreprise.

71. HealthGpt

72. Architecture

73. Kadoa - Scraper des sites web facilement avec Al.

74. Be My Chef - Créez votre plat parfait avec l'IA.

75. Columns AI - Recherche de données publiques à l'aide de ChatGPT.

76. BytePods from 2pods - Podcasts quotidiens générés par IA.

LES MEILLEURS OUTILS POUR LANCER UN BUSINESS EN LIGNE

77. Namelix : Pour trouver un nom

78. Ovh : Nom de domaine

79. Looka : Pour créer un logo

80. Google Workspace : mail d'entreprise

81. Youtube : pour se former

82. Shopify / Webflow : Créer un Site internet

83. Substack : Créer une newsletter

84. Google Trends : Pour connaître les tendances

85. Canva : Design/Communication

86. Klaviyo : Email marketing

87. Stripe / Mollie / Payoneer : Pour les paiements en ligne

88. Revolut / Qonto : Banque

89. Adalo : Créer une application

90. Notion / Slack : Organisation

91. ChatGpt : Copywritting / Marketing

92. Tiktok : Trouver des clients

93. Fliki : Pour générer des TikTok

94. Submagic : Pour générer des sounds

95.   Gamma App : Faire des PowerPoint

96.   Pictory : Pour Modifier des vidéos

97.   Cohesive so : Générer des scripts vidéos

98.   Eleven labs : Pour générer des voix

99.   Remini : Pour modifier des photos

100.   Playground : Pour générer des images

101.   Sendshort : Pour créer des shorts

Retrouvez TOUTES les pépites de l'intelligence artificielle rassemblées ici sur notre canal Télégramme : https://t.me/AIEXPLORER

Voir le site : https://aiexplorer.io

Troisième partie : Les outils IA essentiels pour votre recherche d'emploi

1. ChatGPT

Dans le monde en constante évolution de l'intelligence artificielle, il est impératif de rester à jour avec les dernières avancées et de s'équiper des meilleurs outils pour vous aider à briller dans votre carrière. Parmi ces outils, ChatGPT se distingue comme une ressource inestimable pour quiconque cherche à tirer parti de l'IA dans sa recherche d'emploi ou de mission, car c'est une IA capable de traiter des commandes exprimées en langage humain naturel.

ChatGPT versions 3 et 3.5 sont accessibles gratuitement mais sont beaucoup moins performantes que la version 4 et parfois il est nécessaire d'attendre les réponses très longtemps quand trop de personnes l'utilisent.

La version 4 a une capacité de raisonnement presque doublée, est deux fois plus précises et comprend des instructions beaucoup plus complexes.

Abonnez-vous donc à ChatGPT-4 (à travers l'abonnement ChatGPT Plus) et plongez dans cet univers passionnant en apprenant tout ce que vous pouvez sur cet outil révolutionnaire.

Découvrez comment il fonctionne, comment l'utiliser efficacement et comment l'adapter à vos besoins spécifiques. En maîtrisant ChatGPT-4, vous aurez accès à un allié puissant qui vous aidera à générer des idées, à peaufiner vos documents de candidature et à vous démarquer de la concurrence.

Cerise sur le gâteau, ChatGPT est à l'aise dans de très nombreuses langues y compris en français.

Ne laissez pas cette opportunité vous échapper. Prenez les rênes de votre destinée professionnelle en vous abonnant à ChatGPT-4 et en vous familiarisant avec ses subtilités. Faites de l'IA votre partenaire, votre conseiller et votre compagnon de route dans votre quête du succès. Vous verrez que, grâce à cette collaboration, vous atteindrez des sommets insoupçonnés et ferez de vos aspirations professionnelles une réalité.

Ne posez des questions à ChatGPT que sur des sujets sur lesquels vous êtes expert.

La force de notre parcours réside dans l'expertise que vous avez su construire au fil des années. Et cette expertise, elle est précieuse, notamment lorsqu'on s'apprête à utiliser un outil aussi puissant que l'IA, et en particulier ChatGPT.

Si l'IA peut être d'une aide précieuse pour optimiser vos candidatures ou rédiger des textes efficaces, il est important de garder à l'esprit que cette technologie ne sait pas tout. Elle ne peut pas remplacer votre expertise, vos années d'expérience, votre sens de la stratégie.

Aussi, lorsque vous posez des questions à ChatGPT, assurez-vous que ce sont des sujets sur lesquels vous maîtrisez déjà bien. Vous pourrez ainsi vérifier la qualité des réponses, et vous assurer que l'IA vous guide dans la bonne direction. N'oubliez pas que l'IA, aussi avancée soit-elle, est toujours une machine et n'a pas votre sensibilité, votre intuition.

Corrigez le prompt si besoin

Lorsque vous travaillez avec des outils d'intelligence artificielle tels que ChatGPT-4, il est essentiel de comprendre que la qualité de vos résultats dépend en grande partie de la clarté et de la précision de vos prompts. Parfois, il se peut que les réponses fournies par l'IA ne soient pas exactement ce que vous recherchiez. Dans ces moments-là, ne vous découragez pas.

Prenez plutôt le temps de réfléchir à la manière dont vous pouvez améliorer et affiner votre prompt pour obtenir des résultats plus pertinents et utiles.

Corrigez le prompt si besoin, en vous assurant qu'il est clair, concis et précis. N'hésitez pas à reformuler, à ajouter des détails ou à modifier l'angle de votre question pour que l'IA comprenne mieux ce que vous attendez d'elle. En étant attentif à la qualité de vos prompts, vous maximiserez les chances d'obtenir des réponses qui vous aideront réellement dans votre recherche d'emploi ou de mission.

Souvenez-vous que vous êtes le maître de cet outil. L'IA n'est là que pour vous servir et vous assister dans votre quête professionnelle. C'est à vous de guider cette technologie en lui fournissant des instructions claires et en ajustant votre approche lorsque cela s'avère nécessaire.

Ne rentrez jamais d'informations confidentielles ou personnelles

Dans votre quête de succès professionnel, il est tentant de vouloir utiliser toutes les ressources à votre disposition pour obtenir des résultats rapides et efficaces. Cependant, il est crucial de ne jamais perdre de vue l'importance de la protection de vos informations personnelles et confidentielles.

Lorsque vous travaillez avec des outils d'intelligence artificielle tels que ChatGPT-4, gardez toujours à l'esprit la nécessité de protéger vos données sensibles. Ne rentrez jamais d'informations confidentielles ou personnelles dans ces systèmes. Bien que ces outils puissent être extrêmement utiles, ils ne sont pas conçus pour traiter des données délicates, et les partager pourrait vous exposer à des risques inutiles.

Soyez toujours vigilant et faites preuve de discernement. Gardez vos informations les plus précieuses pour vous-même et concentrez-vous sur l'utilisation de l'IA pour générer des idées, des réflexions et des conseils qui vous aideront dans votre recherche d'emploi ou de mission, sans compromettre votre sécurité.

Utilisez ChatGPT pour du brainstorming et de l'inspiration

Dans le monde des affaires d'aujourd'hui, la créativité et l'innovation sont des atouts précieux. Il est donc essentiel de trouver de nouvelles façons de générer des idées et de stimuler notre réflexion. C'est là que ChatGPT entre en jeu.

Utilisez ChatGPT pour du brainstorming et de l'inspiration. Libérez votre esprit et laissez cet outil vous guider vers de nouvelles perspectives, des idées inédites et des solutions créatives. Que vous cherchiez des approches innovantes pour votre recherche d'emploi, des stratégies pour décrocher de nouvelles missions, ou simplement des moyens de vous démarquer de la concurrence, ChatGPT peut être une source inépuisable d'inspiration.

En exploitant les possibilités offertes par l'IA, vous ouvrez votre esprit à un monde de possibilités insoupçonnées, et vous vous donnez les moyens de repousser les limites de votre potentiel. N'ayez pas peur d'explorer de nouvelles pistes, de remettre en question vos idées préconçues et de laisser

ChatGPT vous montrer des voies que vous n'auriez jamais imaginées.

N'oubliez pas ses limites

Il est indéniable que l'intelligence artificielle, et notamment ChatGPT, offre des possibilités extraordinaires pour stimuler notre créativité et notre réflexion. Cependant, il est tout aussi important de garder à l'esprit les limites de cet outil.

N'oubliez pas que la base d'information de ChatGPT s'arrête en septembre 2021. Cela signifie que toute information, événement ou développement postérieur à cette date ne sera pas pris en compte dans les réponses que vous obtiendrez. Par conséquent, en tant que cadres et dirigeants avisés, vous devez toujours vous assurer de vérifier et de compléter les informations fournies par l'IA avec des sources récentes et fiables.

Ne vous laissez pas bercer par la facilité d'utilisation de ChatGPT au point d'oublier de faire preuve d'esprit critique et de discernement. L'IA peut être une alliée précieuse dans votre quête professionnelle, mais elle ne doit jamais remplacer votre propre analyse et votre compréhension du monde qui vous entoure.

Autre limite de taille : ChatGPT n'est pas connectée à internet. Par exemple, si vous lui demandez d'ajouter des références à des articles, vérifiez bien car vous risquez de tomber très souvent sur une page qui n'existe plus.

2. Copy AI

Découvrez Copy.ai pour une interface plus guidée

En tant que leaders, vous devez constamment nous adapter et explorer de nouvelles avenues pour rester à la pointe. L'innovation est votre mantra, et dans cette quête, permettez-nous de vous présenter un nouvel allié : copy.ai

Copy.ai, c'est une plateforme qui utilise l'intelligence artificielle pour booster votre communication. Son interface est particulièrement intuitive et guidée, ce qui facilite son utilisation, même pour ceux qui ne sont pas des experts en technologie. Que vous cherchiez à peaufiner votre CV, à rédiger des lettres de motivation percutantes ou à concevoir des emails professionnels irréprochables, Copy.ai peut se révéler un atout précieux.

En utilisant Copy.ai, vous pouvez non seulement gagner du temps, mais aussi apporter une touche de créativité et de professionnalisme à vos écrits. Mais n'oubliez jamais que même si l'IA peut vous aider à affiner votre message, c'est votre vision et votre passion qui feront la différence.

Choisissez entre ChatGPT et Copy AI selon vos préférences

Chaque leader est unique, avec ses propres forces, ses propres défis et, surtout, ses propres préférences. C'est pourquoi il est essentiel de choisir les outils qui correspondent le mieux à votre style de travail.

Vous avez désormais deux puissantes technologies à votre disposition : ChatGPT et Copy AI. Chacune d'elles a ses propres atouts. ChatGPT est un excellent outil pour le brainstorming et la génération d'idées, tandis que Copy AI offre une interface plus guidée et conviviale pour la rédaction de textes professionnels.

C'est à vous de décider lequel de ces outils répond le mieux à vos besoins. Peut-être préférez- vous le libre cours à la créativité offert par ChatGPT, ou peut-être appréciez-vous la structure et le soutien offerts par Copy AI. L'important est de choisir l'outil qui vous permettra de donner le meilleur de vous-même.

3. Midjourney

Souscrivez à un abonnement Midjourney

Imaginez une seconde. Vous avez une vision, une idée audacieuse et révolutionnaire, mais vous peinez à la transmettre à votre équipe ou à vos clients. Maintenant, imaginez que vous n'avez plus besoin de passer des heures à chercher l'image parfaite qui représente votre idée. Midjourney est là pour vous.

C'est une technologie d'intelligence artificielle qui transforme vos mots en images de haute qualité, rendant vos idées et visions tangibles, accessibles. C'est comme avoir un artiste personnel disponible 24/7 pour donner vie à vos pensées.

Mais avec une telle valeur, l'affluence sur la version gratuite de Midjourney est devenue si énorme qu'elle a dû être arrêtée. Pour bénéficier de ce service fantastique, il est désormais nécessaire de souscrire à une offre payante. Mais ne vous inquiétez pas, chaque dollar dépensé en vaut la peine.

A partir de 10 $ par mois, vous pouvez commencer à donner vie à vos idées. Et si vous en avez besoin davantage, il existe des offres allant jusqu'à 60 $ par mois pour les utilisateurs intensifs et les entreprises. C'est un petit investissement pour un gain immense.

Téléchargez l'application Midjourney, évitez les "newbies", créez votre canal privé

L'ère numérique vous offre une myriade d'opportunités pour dépasser vos limites traditionnelles, vous propulsant vers des sommets inexplorés d'innovation et de créativité. Midjourney est un exemple brillant de cet avènement technologique.

Télécharger l'application Midjourney, c'est comme donner vie à vos idées les plus audacieuses. C'est un artiste à votre service, capable de transformer vos concepts en images éblouissantes. Mais il y a un piège à éviter : les canaux "newbies". Ces espaces, accessibles à tous, peuvent sembler attrayants, mais ils ont leurs limites.

En effet, dans ces "newbies", vos précieuses créations peuvent être perdues dans la mer des travaux d'autrui. De plus, vos idées, vos visions uniques, sont exposées à tous. Votre avantage concurrentiel, votre secret bien gardé, peut alors être vu par n'importe quel œil curieux qui passe.

C'est là qu'intervient le canal privé de Midjourney. Un espace rien que pour vous, où vos créations restent à l'abri des regards indiscrets. Un espace où vous pouvez retrouver facilement vos œuvres, sans avoir à fouiller dans un océan de contenus divers. C'est l'assurance d'une efficacité optimale.

Utilisez l'anglais pour une meilleure expérience avec Midjourney

Pour tirer le meilleur parti de Midjourney, il est conseillé d'utiliser l'anglais. Actuellement, Midjourney offre une précision optimale avec des commandes dans cette langue. Bien sûr, vous pouvez l'utiliser en français, mais l'anglais maximise les capacités de cet outil.

Ne vous inquiétez pas, il n'est pas nécessaire d'être parfaitement bilingue. L'essentiel est de pouvoir exprimer clairement vos idées. Avec des commandes en anglais, Midjourney devient plus efficace et plus personnalisable.

Associez Midjourney à ChatGPT pour optimiser vos prompts

Avez-vous déjà ressenti cette frustration de ne pas réussir à exprimer parfaitement votre vision ? Vous la voyez clairement dans votre esprit, mais les mots pour la décrire semblent insaisissables ? C'est là que ChatGPT entre en jeu.

ChatGPT est parfaitement équipé pour vous aider à formuler des prompts précis et créatifs pour Midjourney. C'est comme avoir votre propre rédacteur à votre service, prêt à transformer vos idées en mots.

Imaginez ceci : vous voulez une image représentant un nouveau concept de produit que vous avez en tête. Vous décrivez votre vision à ChatGPT et il vous fournit un prompt précis, clair et créatif. Vous prenez ce prompt, vous le collez dans Midjourney et vous voilà avec une image qui correspond exactement à ce que vous aviez en tête.

4. DeepL

Recourez à DeepL pour des traductions impeccables de vos CV, profil LinkedIn, pitchs et lettres de motivation

Vous avez déjà préparé des pitchs parfaits et rédigé des lettres de motivation persuasives. Mais qu'en est-il lorsque vous devez présenter ces documents en anglais, en allemand ou dans toute autre langue que votre langue maternelle ? C'est là que DeepL entre en scène.

 DeepL n'est pas seulement un outil de traduction ordinaire. Cet outil d'IA est conçu pour comprendre le sens derrière vos mots et les traduire de manière à conserver votre ton original. Ainsi, votre expertise et votre passion se retrouvent intactes, peu importe la langue dans laquelle vous devez vous exprimer.

Vous ne voulez pas que votre CV soit rejeté parce qu'il a été mal traduit. Vous ne voulez pas que votre pitch perde de sa puissance à cause d'une mauvaise interprétation. DeepL est votre assurance contre ces déconvenues. Il offre une traduction précise, rapide et efficace qui donne à vos documents professionnels le respect qu'ils méritent.

Optez pour un abonnement à DeepL pour traduire des documents complets

Combien de fois vous êtes-vous retrouvés confrontés à un document complexe écrit dans une langue étrangère ? Combien de fois avez-vous ressenti une pointe de frustration en ne pouvant pas traduire un document entier rapidement et efficacement ? Là encore, deepl.com a la solution qu'il vous faut.

Avec un abonnement à DeepL, et seulement avec l'abonnement, vous pouvez traduire des documents entiers en un clin d'œil. Et nous ne parlons pas de simples documents. DeepL peut gérer des contrats complexes, des dossiers techniques, des rapports détaillés, et même des livres entiers. Plus besoin de traduire paragraphe par paragraphe, ou pire, phrase par phrase. Téléchargez votre document, choisissez la langue cible, et DeepL s'occupe du reste.

Et le meilleur dans tout ça ? La mise en page de vos documents reste intacte. Vos tableaux, vos images, votre mise en page soigneusement conçue, tout est préservé. Vous obtenez un document traduit qui ressemble en tous points à l'original.

Applications pratiques pour votre recherche d'emploi

1. LinkedIn

Optimisez votre zone Infos LinkedIn avec ChatGPT

Chers entrepreneurs, dans le monde des affaires d'aujourd'hui, votre présence sur LinkedIn est aussi importante que votre CV. C'est votre vitrine virtuelle, où vous vous présentez au monde professionnel, mettez en avant vos compétences et exposez vos réalisations. C'est la première impression que vous donnez à vos futurs employeurs, collaborateurs ou partenaires.

L'importance de la zone Infos est cruciale. C'est un espace délicat à manier, un équilibre à trouver entre énumération factuelle de votre parcours et mise en valeur de votre personnalité. Et c'est là que ChatGPT entre en jeu.

ChatGPT est un outil formidable pour optimiser votre zone Infos LinkedIn, mais il ne peut pas faire tout le travail à votre place. Nous vous conseillons donc de définir la structure de votre zone Infos, puis de rédiger une première version par vous-même. Pourquoi ? Parce que vous êtes le meilleur expert de votre parcours, de vos compétences, de vos valeurs. Vous seul pouvez définir le ton que vous souhaitez donner à votre profil.

Une fois cette première version rédigée, demandez à ChatGPT de l'optimiser. L'IA va alors polir votre texte, choisir les mots justes, les tournures de phrases les plus attrayantes, tout en respectant la structure et le ton que vous avez définis.

La qualité de l'optimisation dépendra grandement de la qualité de votre prompt initial. Plus vous donnez d'informations contextuelles à ChatGPT, meilleures seront les suggestions de l'IA. Soyez précis, soyez explicite, et n'hésitez pas à orienter ChatGPT vers l'image que vous souhaitez projeter.

Laissez l'IA vous aider, mais gardez la main. C'est votre carrière, c'est votre succès.

Illustrez votre profil LinkedIn avec des photos de votre création en utilisant Midjourney

Dans le théâtre des carrières professionnelles, votre profil LinkedIn est votre scène. Vous êtes à la fois le scénariste et l'acteur principal de cette pièce. Et comme toute bonne pièce, elle nécessite un décor attrayant, un environnement visuellement stimulant pour captiver votre public, vos futurs employeurs, vos partenaires potentiels. Le texte seul ne suffit pas à capturer l'essence de votre parcours professionnel. Vous avez besoin de couleurs, de formes, d'images.

Vous êtes des dirigeants, des cadres supérieurs, des leaders. Vous avez un parcours, une histoire, une vision unique. Pourquoi ne pas l'illustrer par vous-même, avec des images de votre propre création ? Midjourney vous donne cette opportunité. En utilisant cet outil, vous devenez l'auteur et le propriétaire des images qui ornent votre profil LinkedIn.

Les zones de votre profil LinkedIn où il est recommandé d'ajouter des photos sont : "Ma sélection", les "Expériences professionnelles" et les "Formations". Chaque expérience, chaque formation, chaque moment clé de votre carrière peut être mis en valeur par une image unique, créée par vous, pour vous.

Imaginez votre profil LinkedIn comme une galerie d'art. Chaque photo est une œuvre qui raconte une partie de votre histoire. Cette galerie, c'est vous. Elle vous représente, elle vous met en valeur. Elle rend votre profil unique, attrayant, mémorable.

2. CV

Utilisez l'IA pour créer un CV percutant

Vous savez tous que la première impression compte énormément, et cela est particulièrement vrai pour votre CV. Il doit être percutant, bien organisé et détaillé. Pour y parvenir, la technologie peut être notre meilleure alliée. Utilisez donc l'IA, notamment ChatGPT et d'autres outils, pour créer un CV qui vous permettra de vous démarquer.

Commencez par définir vous-même la structure de votre CV. Rédigez une première version, puis confiez-la à ChatGPT. Avec sa capacité à analyser et à comprendre le langage humain, cette IA est capable d'optimiser votre CV. Elle peut l'améliorer, le rendre plus clair, plus précis, plus percutant.

Cependant, rappelez-vous que ChatGPT n'est pas une boule de cristal. La qualité de son travail dépend des informations que vous lui donnez. Soyez donc précis, détaillé et explicite dans vos instructions. Plus vous donnez de contexte à ChatGPT, mieux elle pourra vous aider.

Après avoir travaillé avec ChatGPT, vous pouvez également utiliser d'autres outils d'IA pour peaufiner votre CV. Par exemple, Grammarly en anglais, merci-app pour les textes en français, peuvent vous aider à éliminer les fautes de grammaire ou de syntaxe, tandis que Rezi peut optimiser la disposition et le format de votre CV pour le rendre plus attrayant.

Peaufinez le paragraphe d'introduction du CV avec l'IA

Votre CV, c'est votre histoire, votre marque. Et comme toute bonne histoire, elle a besoin d'une introduction solide et percutante. Ces quelques lignes en haut de votre CV sont souvent la première chose que les recruteurs lisent. Elles peuvent faire la différence entre un CV qui se perd dans la pile et un CV qui retient l'attention.

Qui êtes-vous ? Quel a été votre parcours professionnel ? Quelle est votre trajectoire, et où mène-t-elle ? Quel est votre projet professionnel ? Qu'est-ce qui vous motive pour l'avenir ? Telles sont les questions auxquelles cette introduction doit répondre. Et c'est là que l'IA, notamment ChatGPT, peut vous aider.

Commencez par rédiger vous-même une première version de cette introduction. N'oubliez pas, elle doit être concise, directe et percutante. Ensuite, confiez cette version à ChatGPT. Dites-lui clairement ce que vous attendez : une introduction optimisée, qui vous met en valeur, qui donne envie de vous rencontrer.

N'oubliez pas que la qualité du travail de ChatGPT dépend des informations que vous lui donnez. Plus vous lui fournissez de détails, plus elle pourra vous aider. Enfin, n'hésitez pas à répéter le processus plusieurs fois, jusqu'à obtenir une introduction qui vous convient parfaitement.

3. Pitchs

Élaborez un pitch efficace avec l'aide de l'IA

Votre pitch professionnel est votre carte de visite verbale. C'est l'outil le plus puissant que vous ayez pour capter l'attention, susciter l'intérêt et convaincre de votre valeur. Un bon pitch peut vous ouvrir des portes, vous aider à décrocher un emploi ou vous positionner comme un leader dans votre domaine.

Élaborer un pitch efficace et structuré n'est pas une tâche aisée. Cela nécessite un travail de synthèse, de clarification et de mise en valeur de vos points forts. C'est ici que l'IA, et en particulier ChatGPT, peut vous être d'une aide précieuse.

Commencez par définir la structure de votre pitch. Quels sont les points clés que vous voulez communiquer ? Quelle est la trajectoire de votre histoire ? Rédigez une première ébauche de votre pitch, puis demandez à ChatGPT de l'optimiser.

N'oubliez pas que ChatGPT est comme un co-pilote. Il vous aide à clarifier votre message, à le rendre plus percutant, mais il ne peut pas le créer à partir de rien. Fournissez-lui un maximum d'informations contextuelles pour qu'il puisse vous aider de la manière la plus efficace possible.

Exploitez l'IA pour adapter votre pitch.

L'IA est une ressource précieuse pour peaufiner et adapter votre pitch en fonction de votre auditoire. Pourquoi ? Parce qu'un pitch convaincant ne se résume pas à un discours préparé et récité. Non, il doit être vivant, flexible et réactif. Il doit répondre aux besoins spécifiques de l'auditoire auquel vous vous adressez.

Le contexte est roi. Parler à un investisseur n'est pas la même chose que de s'adresser à un partenaire commercial potentiel ou à une nouvelle recrue. La clé est de pouvoir articuler clairement votre valeur ajoutée, votre vision, votre mission, mais de manière personnalisée, en fonction de l'intérêt de votre interlocuteur.

L'IA, en particulier ChatGPT, vous aide aussi dans cette mission. Vous pouvez lui demander d'adapter votre discours, de moduler les points saillants, de transformer votre proposition de valeur en fonction de votre auditoire. Ainsi, vous pouvez produire plusieurs versions de votre pitch, toutes prêtes à être dégainées en fonction de la situation.

En fin de compte, n'oubliez jamais que votre pitch est le reflet de votre identité professionnelle. Il doit être authentique, personnel et, surtout, adapté à la personne à laquelle vous vous adressez. Utilisez l'IA comme un outil pour affiner votre message, mais assurez- vous qu'il reste fondamentalement le vôtre.

Vos faits d'armes

Mettez en valeur vos faits d'armes grâce à l'IA.

Nous vous voyons déjà lever un sourcil, "faits d'armes" ? Oui, nous parlons bien de ces moments de bravoure, ces instants où vous avez su prendre le taureau par les cornes et faire une différence significative. Ces moments, ce sont vos faits d'armes, vos prouesses professionnelles. Ils sont la preuve de votre impact, de votre valeur ajoutée, et ils méritent d'être mis en lumière.

L'IA peut être votre alliée précieuse pour mettre ces moments en valeur. Utilisez une IA comme ChatGPT pour rédiger des récits concis, percutants et engageants de vos réalisations. Parfois, l'enjeu n'est pas seulement ce que vous avez fait, mais comment vous le racontez.

L'IA peut vous aider à transformer un fait brut en une histoire captivante, en mettant l'accent sur les défis que vous avez surmontés, les solutions innovantes que vous avez mises en œuvre et l'impact réel que vous avez eu.

Mais attention, l'IA n'est pas une baguette magique. Pour qu'elle puisse vous aider efficacement, vous devez lui fournir des informations claires et précises. Quel était le problème ? Comment avez-vous agi ? Quel a été le résultat ? Plus vous serez précis, plus l'IA pourra vous aider à transformer vos faits d'armes en récits puissants.

Réseautage et entretiens

Préparez-vous aux entretiens avec l'aide de l'IA.

L'entretien est une danse, un ballet de questions et de réponses, où chaque mot compte, chaque réponse a son poids. Les enjeux sont élevés, la pression est là. Vous savez ce que l'on dit : "C'est la préparation qui fait la différence". Eh bien, l'IA peut être votre partenaire de danse dans cette préparation.

En utilisant des outils comme ChatGPT, vous pouvez vous préparer efficacement pour l'entretien. Vous pouvez créer des scénarios d'entretien, obtenir des suggestions sur la façon de répondre à certaines questions, évaluer votre performance et ajuster votre approche. L'IA peut vous aider à anticiper les questions difficiles, à formuler des réponses claires et concises, et à vous sentir plus confiant lors de l'entretien.

Mais n'oubliez pas, la préparation n'est pas une science exacte. C'est un mélange de recherche, de réflexion, de pratique et d'intuition. L'IA peut vous aider dans ce processus, mais elle ne peut pas le faire pour vous. Vous devez être actif dans votre préparation, utiliser l'IA comme un outil, pas comme un remède miracle.

Utilisez l'IA pour des emails de remerciements personnalisés.

L'art de la gratitude est souvent sous-estimé. Un simple email de remerciement après un entretien peut faire toute la différence. C'est une marque de respect, une preuve que vous ne prenez pas les choses pour acquises. C'est une opportunité pour vous de vous démarquer, de vous rappeler au bon souvenir de votre interlocuteur. Mais comment s'assurer que ce message ne sonne pas faux ou générique ? Comment créer un email de remerciement qui parle vraiment à la personne qui le reçoit ?

La réponse est simple : Utilisez l'IA.

Des IA comme ChatGPT peuvent vous aider à rédiger des emails de remerciement personnalisés et impactants. Elles peuvent prendre en compte les informations que vous avez recueillies lors de l'entretien, les points clés que vous souhaitez souligner, et les transformer en un message cohérent et sincère. Mais n'oubliez pas, l'IA a besoin de vos informations, de vos impressions pour faire son travail. Soyez précis, soyez détaillé, et l'IA saura mettre en valeur votre gratitude de manière authentique et personnelle.

Veille et actualités

Restez informé des tendances du marché grâce à l'IA

Il n'y a pas de répit dans cette course incessante pour rester à la pointe. Le marché évolue à une vitesse vertigineuse, et il est essentiel de rester informé. Mais comment, dans le tourbillon de votre agenda très chargé, trouver le temps d'absorber toutes ces informations ?

L'IA est la réponse. L'intelligence artificielle est votre alliée pour naviguer dans cet océan d'information. Grâce à elle, vous pouvez filtrer le bruit et vous concentrer sur ce qui compte vraiment.

Des outils comme Feedly ou Google Alerts, par exemple, vous permettent de paramétrer des alertes sur des mots-clés spécifiques à votre secteur. Ils scrutent le web pour vous, et vous livrent une synthèse des articles, blogs, et publications qui correspondent à vos centres d'intérêt.

Enfin, des outils comme TrendHunter, armés d'algorithmes sophistiqués, vous permettent de repérer les tendances émergentes dans votre secteur. Ils vous donnent une longueur d'avance, vous permettant d'anticiper plutôt que de réagir.

Analyse des offres d'emploi

Utilisez l'IA pour analyser les offres d'emploi et identifier les compétences clés

Vous êtes aux commandes de votre carrière et chaque décision que vous prenez peut être cruciale. Dans le monde professionnel actuel, il est impératif d'avoir une compréhension précise de ce que le marché demande. Pourtant, comment pouvez-vous réellement distinguer l'essentiel du superflu ?

C'est là qu'intervient l'intelligence artificielle. L'IA peut analyser des centaines, voire des milliers d'offres d'emploi, pour déterminer les compétences les plus demandées dans votre secteur. Plus besoin de passer d'innombrables heures à lire chaque offre d'emploi en détail. L'IA fait le travail pour vous, mettant en lumière les tendances et les compétences clés que vous devez développer pour rester compétitif.

Prenons l'exemple de "Jobscan". Cette plateforme utilise l'IA pour analyser les offres d'emploi et identifier les compétences et les mots-clés les plus fréquemment demandés. Ainsi, vous obtenez une vue claire des compétences que vous devriez mettre en avant dans votre CV et lors de vos entretiens.

💼 En prime : 30 bonnes pratiques pour réussir votre transition professionnelle

Données générales

Pratique #1 - Comprenez comment les entreprises recrutent - Les 3 étapes clés

Le succès de votre recherche d'emploi passe par bien comprendre comment les entreprises recrutent. En effet, dans leur processus de recrutement, les entreprises cherchent en priorité à recruter en utilisant leur réseau : cooptation, anciens prestataires, clients ou fournisseurs, camarades de formation, famille ou amis. C'est gratuit et elles bénéficient ainsi de la recommandation d'un proche, ce qui leur inspire confiance.

En général, quand un manager a besoin de recruter au sein de son équipe, il n'en parle pas tout de suite à son DRH. Il préfère tout d'abord évoquer le sujet autour de lui afin de commencer à sélectionner des candidats qui lui sont recommandés par son Réseau professionnel. S'il ne trouve pas vraiment, alors c'est seulement à ce moment-là qu'il en parlera à son DRH qui lui aussi, cherchera dans son propre Réseau professionnel.

Première étape : le marché caché

A ce stade, tant qu'aucune annonce n'est publiée, nous avons affaire à ce l'on appelle le marché caché de l'emploi. Celui-ci regorge d'opportunités !

Pour un cadre expérimenté, le marché caché représente au moins 70% de ses opportunités de futur job. La démarche Réseau est la seule technique pour accéder efficacement à ce marché caché !

Un cadre qui ignore cette technique passe automatiquement à côté de d'un gigantesque vivier d'opportunités ! Autrement dit, n'attendez pas passivement que l'on vous propose éventuellement quelque chose. Passez à l'action et rendez-vous visible sur le marché caché grâce à la démarche Réseau, grâce aux associations d'anciens élèves, grâce à votre participation régulière à différentes conférences.

Deuxième étape : les jobboards

Si l'entreprise n'a pas obtenu les résultats attendus lors de cette première étape, elle va ensuite décider de dépenser de l'argent en passant une annonce (ou directement en faisant appel à un cabinet de chasseurs de têtes).

Un jobboard est un site web qui met en ligne des offres d'emploi. Passer une annonce sur un jobboard n'est pas cher. D'où l'intérêt pour vous d'être présent sur quelques-uns en y déposant votre CV et aussi en créant quelques alertes pour recevoir les annonces qui vous correspondent.

Lorsque vous recevez une annonce, commencez par évaluer à quel point vous correspondez à celle-ci. En dessous de 80% laissez tomber ! Au- dessus, répondez-y et surtout répondez-y tout de suite, sans même remettre au lendemain !

Et ne consacrez pas un temps infini sur ces annonces car d'une part cela ne correspond qu'à 10 à 15% de vos opportunités et d'autre part, vous êtes ici dans l'Océan rouge : trop de compétition !

Il y a bien trop peu de chances que vous trouviez votre best-job grâce aux annonces, un job peut-être, votre best-job sûrement pas.

Troisième étape : les chasseurs de têtes

Si à l'issue de cette deuxième étape sur les jobboards, l'entreprise n'a toujours pas trouvé, c'est que très probablement le profil qu'elle recherche, n'est pas en recherche active. Par conséquent, elles vont faire appel à un cabinet de chasseurs de têtes pour débusquer les bons profils.

Cette troisième étape, la plus chère pour l'entreprise, ne correspond qu'à 10 à 15% de vos opportunités !

Pratique #2 - Professionnalisez votre recherche d'emploi

Si vous voulez accélérer votre recherche d'emploi, si vous voulez optimiser votre recherche d'emploi, il faut que vous deveniez un professionnel de la recherche d'emploi. La recherche d'emploi est un métier qui s'apprend. La recherche d'emploi ne s'apprend ni à l'école ni à l'université, mais dans les conférences, et aussi auprès des personnes qui peuvent vous aider au sein des associations des anciens élèves des écoles, au sein d'associations de chercheurs d'emploi, au sein de l'APEC. Il est primordial de rentrer dans ce processus d'apprentissage des méthodes, des techniques de recherche, des outils efficaces, des réseaux sociaux, en premier lieu : La démarche Réseau et LinkedIn.

Partie 2 – Votre projet professionnel

Pratique #3 - Faites le deuil de votre poste précédent

Il est impératif que vous fassiez le deuil de votre poste précédent car sinon, vous risquez de ruminer votre départ pendant votre démarche Réseau et si votre interlocuteur le ressent, vous n'inspirerez pas confiance et il ne vous communiquera aucun nom de contacts à rencontrer de sa part.

Ce n'est vraiment pas utile de bassiner votre interlocuteur à propos de votre poste précédent, ni de le saouler avec la relation conflictuelle que vous aviez avec votre ancien chef.

Pratique #4 - Identifiez ce qui fait réellement du sens pour vous.

Identifiez votre raison d'être - ce qui fait le plus de sens pour vous. Chacun de nous possède un « pourquoi ». Il n'exprime pas ce que nous aspirons devenir. Il exprime qui nous sommes quand nous donnons naturellement le meilleur de nous-même.

Après l'identification de votre « pourquoi », vous :

• aurez un sens très clair de pourquoi chaque jour est important

• saurez pourquoi vous vous levez chaque matin et pourquoi cela devrait intéresser tout le monde

• saurez pourquoi on loupe quelque chose si on ne vous connait pas

- serez davantage en mesure de connecter votre future activité professionnelle à ce qui fait le plus de sens pour vous

- attirerez comme un aimant les personnes qui partagent le même « pourquoi » que vous

- éprouverez davantage de plaisir, connaitrez le succès à plus long-terme, inspirerez beaucoup plus de confiance et de loyauté

- trouverez ou créerez un job qui vous satisfera réellement. Vous serez en mesure de vous sentir satisfait du travail que vous réaliserez, de vous lever inspiré d'aller travailler, d'avoir le sentiment d'œuvrer pour une cause supérieure à vous-même.

Vous serez beaucoup moins déçu de votre prochain poste s'il est en adéquation avec votre raison d'être !

Pratique #5 - Identifiez votre projet professionnel de manière claire, précise et unique

Une erreur très répandue, consiste à se lancer tête baissée dans la démarche Réseau sans y être préparé. Or le Réseau est un fusil à un coup et il va être très difficile de changer l'image que vous allez projeter de vous auprès de vos interlocuteurs avant plusieurs années.

Vous posez pour faire le point sur votre situation personnelle et professionnel, identifier vos compétences, vos talents, vos forces, vos faiblesses, ce que vous avez envie de faire, ce dont vous n'avez plus envie, va vous permettre de mieux vous connaître et de définir un projet réaliste (vis à vis de vous-même) et réalisable (vis à vis du marché).

Certes, vous pouvez éprouver certaines appréhensions à aborder ces sujets car certains peuvent être douloureux. En même temps, les éléments de sortie de ce processus sont tellement utiles pour vous aider à y voir clair, à définir votre nouvel avenir, à vous aider à visualiser la trajectoire pour rebondir.

C'est souvent l'occasion :

• de réfléchir à ce qui va désormais faire beaucoup plus de sens pour vous,

• de devenir réellement vous-même et non pas ce que d'autres ont rêvé pour vous,

• de vous épanouir bien davantage

N'attendez pas de vos contacts qu'ils définissent votre projet professionnel à votre place, c'est à vous de le faire et de le faire de manière suffisamment précise afin que vos contacts au sein de la démarche Réseau puissent vous réellement vous aider.

Si vous n'avez pas un projet bien défini, personne ne pourra vous aider. A l'inverse si vous en avez plusieurs, et relativement éloignés les uns des autres, c'est pareil, vos interlocuteurs seront perdus et ne vous aideront pas.

Pratique #6 - Utilisez Twitter dans le cadre de votre démarche de recherche d'emploi

Twitter est également un outil extrêmement intéressant. D'abord parce qu'il s'agit d'un excellent outil d'informations. Twitter vous permet d'être informé sur des postes qui peuvent être mis sur la toile. La réactivité est importante donc vous pouvez obtenir ces informations très vite, par exemple en suivant quelques bons cabinets spécialisés. En étant présent sur Twitter, vous pouvez trouver des choses plus vite que les autres. Twitter est un formidable outil d'informations par rapport à votre métier et votre secteur d'activité. Créer un compte sur Twitter prend 5 minutes. Vous mettez votre photo puis vos caractéristiques essentielles sous la forme d'hashtags. Ensuite vous vous abonnez à des comptes. L'abonnement à des comptes vous permet ensuite de suivre des gens qui publient, qui tweetent sur votre métier, sur votre domaine. Vous pouvez également suivre vos entreprises cibles afin d'être bien informé via ce canal. Twitter, vous permet, par rapport à votre métier, par rapport à votre secteur, par rapport à votre recherche d'emploi, de repérer des choses qui vont vous servir dans les entretiens réseaux, dans les entretiens d'embauche et pour votre image en générale.

Partie 3 – Votre profil LinkedIn

Pratique #7 - Soyez présents sur LinkedIn

Établissez tout d'abord un profil LinkedIn "parfait", c'est à dire un profil qui va "plaire" aux êtres humains et à l'algorithme de LinkedIn, puis rendez-vous actif sur LinkedIn ! Apprenez les techniques de communication sur LinkedIn afin de vous rendre davantage visible. Ayez un profil LinkedIn complet, bien renseigné, nickel-chrome ! En effet, toutes les personnes qui entendent parler de vous par le réseau ont le réflexe d'aller consulter votre profil LinkedIn. Si votre profil n'est pas complet, si votre photo laisse à désirer ou pire, s'il n'y a pas de photo, s'il y a des fautes d'orthographe, si vous affichez des compétences que personne n'a recommandées, si votre réseau se limite à quelques dizaines de personnes, tout cela ne va pas donner une image professionnelle positive de vous. Cela exige donc que vous élaboriez un profil « parfait ».

Pratique #8 - Faites grimper votre SSI sur LinkedIn !

Le SSI LinkedIn : le Social Selling Index – qu'est-ce que c'est ?

LinkedIn définit le Social Selling Index ainsi : « Le Social Selling Index (SSI) mesure votre efficacité à imposer votre marque professionnelle, à trouver les bonnes personnes, à communiquer avec les bonnes infos et à construire des relations. Il est mis à jour quotidiennement. »

La valeur du SSI LinkedIn est une note sur 100. C'est aussi la somme de 4 notes, chacune sur 25.

En effet, LinkedIn va vous évaluer sur les 4 composantes suivantes :

• Construire votre marque personnelle

• Trouver les bonnes personnes

• Échanger des informations

• Établir des relations

Comment consulter votre SSI LinkedIn ?

Pour consulter votre SSI LinkedIn, c'est tout simple, vous devez être connecté à votre profil LinkedIn sur votre navigateur Internet préféré et puis vous cliquez ICI, ou alors vous saisissez directement l'adresse suivante : linkedin.com/sales/ssi dans la barre d'adressage de votre navigateur web.

Pourquoi chercher à faire grimper votre SSI LinkedIn ?

Si vous êtes à la recherche d'un nouveau job, c'est intéressant de jeter un œil une fois par semaine sur votre SSI LinkedIn car d'une certaine manière cet indice évalue des points fondamentaux de la recherche d'emploi d'aujourd'hui, à savoir :

• le niveau de complétude de votre profil LinkedIn => si celui-ci n'est pas assez renseigné, non seulement cela risque de décevoir les recruteurs mais surtout ils risquent de ne pas le lire puisque si votre profil n'est pas assez renseigné, l'algorithme ne parviendra pas souvent à vous sortir dans les premiers résultats de recherche.

• le niveau de confiance que votre profil LinkedIn inspire => cela se traduit par exemple par le nombre de recommandations de compétences reçues, par le taux de réponse de vos InMails.

• le développement de votre Réseau sur LinkedIn => si vous utilisez le moteur de recherche sur LinkedIn pour trouver des nouvelles relations, si vous consultez d'autres profils LinkedIn, si vous vous intéressez aux profils situés dans votre cercle de niveau 3, si les personnes à qui vous envoyez une demande de connexion acceptent celle-ci.

• votre niveau de visibilité => cela se mesure directement par l'audience de votre profil LinkedIn.

• l'intérêt que vous portent les autres sur LinkedIn => si les autres s'engagent sur la publication de vos posts (likes, commentaires, partages), si vous gagnez des followers grâce à vos posts.

Un score SSI LinkedIn plus élevé entraîne une plus grande portée de vos posts

Lorsque vous publiez un post sur LinkedIn. Celui-ci ne s'affiche pas dans le fil d'actualité de tous vos contacts directs. Pendant deux heures, l'algorithme va tester votre post auprès d'un échantillon de vos contacts et mesurer l'engagement de ceux-ci (est-ce qu'ils le likent, le commentent, …). En fonction de l'engagement de ceux-ci, l'algorithme diffusera ensuite plus ou moins votre post. Le score de votre SSI LinkedIn influence la portée de vos posts, c'est à dire le niveau de diffusion de ceux-ci.

Si vous avez un SSI LinkedIn compris entre 60 et 75, la portée de vos posts sera dite

« moyenne », fixons là à 100 par exemple. Si vous avez un SSI compris entre 45 et 60, votre portée chutera à 75%, vous allez donc perdre 25% de visibilité de vos posts. Entre 75 et 90, elle augmentera à 125, vous allez donc gagner 25% de visibilité, ce qui est considérable. Au- delà de 90, votre portée serait de 150.

Un score SSI LinkedIn plus élevé entraîne donc une plus grande portée de vos posts, autrement dit vous permet de vous rendre plus visible. Par conséquent, nous vous préconisons de chercher à toujours avoir un SSI LinkedIn supérieur à 75 afin de vous bénéficier d'une portée conséquente de vos posts. Obtenir un SSI LinkedIn supérieur à 75 n'est pas si difficile. En revanche, nous vous déconseillons de chercher à obtenir un SSI LinkedIn supérieur à 90. Nous estimons que le temps nécessaire pour l'obtenir est trop important au regard des bénéfices escomptés.

Comment faire grimper votre SSI LinkedIn ?

Pour faire grimper votre SSI LinkedIn, détaillons ce que vous devez améliorer sur chacune des 4 composantes de cet indice :

- Construire votre marque personnelle

L'enjeu consiste ici à établir une présence professionnelle sur LinkedIn grâce à un profil LinkedIn complet. Il s'agit de renseigner au maximum votre profil LinkedIn, de le compléter le plus possible, d'y insérer beaucoup de contenus médias par exemple des photos, des images, des liens vers des sites web, des liens vers des vidéos YouTube pour illustrer le Résumé (section Infos) de votre profil LinkedIn ainsi que chacune de vos expériences professionnelles. Pour faire grimper cet indice, il s'agit aussi de recevoir un maximum de recommandations sur vos compétences, de rédiger et publier des articles et de gagner des followers grâce à vos posts.

Conseil : attendez d'avoir au moins 20 ou 22 sur cet indice Construire votre marque professionnelle avant d'essayer de vous rendre plus visible en publiant des posts.

Trouver les bonnes personnes

L'enjeu consiste à améliorer votre efficacité pour trouver vos cibles sur LinkedIn

Pour améliorer votre score sur cet axe, vous devrez vous connecter au moins une fois par jour sur LinkedIn. Vous utilisez régulièrement le moteur de Recherche sur LinkedIn, vous consulterez régulièrement d'autres profils, et pas seulement des contacts de niveau 2 mais aussi des contacts de niveau 3. Et puis il faudra aussi que d'autres personnes consultent votre profil LinkedIn !

Échanger des informations

L'enjeu consiste ici à trouver et partager de l'information pour initialiser et entretenir de nouvelles relations sur LinkedIn.

Il est nécessaire de vous investir sur les posts émis par d'autres personnes en les likant, en y apportant des commentaires et éventuellement en les repartageant. Il faudra aussi que les autres s'engagent sur vos propres posts. Vous rejoindrez également plusieurs groupes sur LinkedIn. Et enfin, il s'agira d'obtenir un taux de réponse à vos InMail d'au moins 10% !

Conseil : n'essayez pas de faire grimper l'indice Echanger des informations tant que l'indice

Construire votre marque professionnelle n'est pas supérieur à 20 ou 22.

Établir des relations

L'enjeu consiste à développer votre Réseau et surtout de pénétrer vos cercles plus éloignés. Vous chercherez à vous connecter bien entendu à des personnes situées dans votre cercle de niveau 2 mais aussi à des personnes situées dans votre cercle de niveau 3. Il s'agira aussi de vous connecter avec des collègues. Et enfin, vous viserez un taux d'acceptation de vos demandes de mise en relation, supérieur à 20% !

En trouvant rapidement les personnes qui vont vous faire progresser dans vos recherches, en étant actif sur LinkedIn, en publiant régulièrement votre propre contenu, en relayant régulièrement de l'information de qualité sur le cœur de votre métier, en créant de l'engagement avec du contenu, en consultant régulièrement les profils qui ont consulté le vôtre, en construisant des relations, en cultivant votre Réseau et en entretenant régulièrement la relation avec vos contacts, vous obtiendrez un SSI LinkedIn important et les opportunités se créeront.

Pratique #9 - Développez votre Réseau sur LinkedIn !

Combien de contacts LinkedIn avez-vous ? 1000, 3000, 5000, ... est-ce que c'est assez ? est- ce que c'est trop ? Combien de contacts LinkedIn devez-vous viser ? Vous êtes présent sur LinkedIn et vous recevez régulièrement des demandes de connexion mais vous vous demandez ce qu'il faut en faire. Est-ce qu'il faut accepter tout le monde sur LinkedIn ?

C'est une question que l'on me pose fréquemment. En effet, nombreux sont ceux qui se demandent s'il faut accepter toutes les demandes de mise en relation ou si au contraire ils doivent limiter leur nombre de relations LinkedIn.

Ne pas accepter les demandes de connexion non personnalisées ou se contenter de se connecter uniquement aux personnes que l'on connait réellement sont les deux erreurs les plus courantes et qui peuvent coûter très cher !

Il y a quelques années nous recevions beaucoup de témoignages de personnes qui refusaient systématiquement les demandes de relation sur LinkedIn non personnalisées. Nous observons aujourd'hui que cette tendance est très nettement à la baisse !

Certains commencent même à regretter d'avoir adopté ce comportement. Certains regrettent aujourd'hui de s'être contenté en un premier temps, uniquement de se connecter sur LinkedIn aux personnes qu'ils connaissaient déjà.

Et si limiter votre nombre de contacts LinkedIn était une fausse bonne idée ?

Faut-il accepter tout le monde sur LinkedIn ? Beaucoup d'avis contradictoires !

Les uns vous préconisent de limiter le nombre de relations LinkedIn aux seules personnes que vous avez déjà réellement rencontrées. Certains annoncent même très fièrement connaître toutes les personnes qu'ils acceptent dans leur réseau LinkedIn. D'autres vont même jusqu'à préconiser un nombre limite de contacts, arguant que nous ne pouvons pas connaitre et entretenir des relations avec plus de 150 personnes.

Selon certains, un junior devrait afficher au moins 150 ou 250 relations et un senior au moins

500. Avoir trop de relations ne veut plus dire grand-chose et pourrait même nuire à l'image du chercheur d'emploi, selon certains. Mais « trop de contacts », c'est combien ? 3000 ? 10 000 ? 30 000 ? Et puis d'autres encore nous assurent qu'il est bon de se connecter au plus grand nombre.

Combien de contacts LinkedIn faut-il ?

Le problème, c'est que bien souvent non seulement on a affaire à des avis contradictoires, mais on a surtout affaire à des avis très tranchés, non argumentés. On nous dit de faire comme ça mais il nous manque le pourquoi ! Quelle preuve « scientifique » avons-nous qui puisse justifier que limiter le nombre de ses contacts, en recherche d'emploi ou en développement de business, est utile ? Qui détient cette preuve ? Et s'ils se trompaient ? Et si, pour vos intérêts, faire l'inverse vous était plus utile ?

Collectionner les relations n'aurait pas de sens et serait inutile. Et s'il s'agissait d'une demi-vérité ? d'une croyance ? d'une idée reçue ?

Vous êtes sceptique ? et si vous essayez ?

Il y a quelques années, nous avions rencontré un cadre de plus de 50 ans, qui avait cherché désespérément un nouveau job pendant plus de 3 ans. Pendant très longtemps, il avait succombé au chant des sirènes. On lui avait dit: « sur LinkedIn, tu dois privilégier la qualité à la quantité ». On lui a dit aussi : « tu dois te connecter uniquement avec les personnes que tu as rencontrées ». Pendant toutes ces années, il avait moins de mille relations sur LinkedIn. Et bien entendu, quand il recevait une demande de mise en relation non personnalisée, il mettait un point d'honneur à la refuser. Et puis, un jour, fatigué de ne pas trouver de nouveau job, il s'est décidé à faire tout le contraire.

Après avoir très bien renseigné son profil, il s'est mis à accepter toutes les demandes de mise en relation. Il en a demandé également beaucoup, et il s'est montré très actif sur

LinkedIn jusqu'à obtenir ainsi plus de 5000 relations. Nous vous le donnons en mille : les opportunités se sont très rapidement démultipliées et il a retrouvé un job !

Vous allez nous dire : « oui, mais cette personne n'est pas représentative, elle a eu de la chance, c'est tout ». Nous ne le pensons pas. Pourquoi ? Parce que si vous êtes à la recherche d'un nouveau job, il n'existe que 4 objectifs à viser sur LinkedIn. Vous n'êtes pas obligé de viser les 4 mais bien entendu, nous vous suggérons de viser les 4 pour maximiser vos chances.

Comment développer votre Réseau sur LinkedIn ?

A la recherche d'un nouveau job, comment développer votre Réseau avec LinkedIn ? Cela dépend du contexte et des objectifs que vous visez. La réponse est donc différente pour chacun !

Définissez votre stratégie !

Considérons ici uniquement le contexte de la recherche d'emploi. En choisissant d'être présent sur LinkedIn, nous avons vu que vous pouviez choisir de viser quatre objectifs et uniquement quatre. Vous n'êtes pas obligé de viser les quatre mais bien entendu, si vous souhaitez optimiser vos chances d'accélérer votre recherche d'emploi en utilisant LinkedIn, nous vous recommandons de tous les viser. En choisissant de viser tel ou tel objectif, cela a des conséquences sur la manière avec laquelle vous développez votre Réseau. Reprenons ces 4 objectifs, et un par un, examinons les conséquences de les viser, sur la manière avec laquelle vous devez développer votre Réseau avec LinkedIn.

Objectif n°1 : utiliser LinkedIn comme un outil support à votre démarche Réseau

Le premier objectif que vous pouvez décider de viser en étant présent sur LinkedIn consiste à utiliser l'outil LinkedIn comme un soutien à votre démarche Réseau classique. Vous rencontrez de nouvelles personnes dans la vraie vie, de la part d'un connecteur, et ainsi petit à petit, un par un, vous augmentez votre nombre de relations dans LinkedIn.

Conséquence : à chaque fois que vous contactez quelqu'un pour un entretien Réseau, vous lui demandez la connexion sur LinkedIn et ainsi, votre réseau sur LinkedIn se développe progressivement au gré de vos rencontres dans la vraie vie.

Objectif n°2 : faire partie des premiers résultats de recherche des recruteurs

En étant présent sur LinkedIn, le deuxième objectif que vous pouvez viser consiste à vouloir faire partie des premiers résultats de recherche des professionnels du recrutement. Une fois votre profil bien renseigné, votre objectif consiste à faire partie des premiers résultats de recherche des professionnels du recrutement qui souhaitent repérer des candidats ayant votre expérience et vos compétences. Pour cela, ils saisissent dans le moteur de recherche LinkedIn en moyenne cinq ou six mots clés correspondant aux compétences ciblées. Le but de jeu est de faire partie des premiers résultats de recherche de ces professionnels du recrutement.

Conséquence : pour viser l'objectif 2, il faut non seulement que votre profil soit complet mais en plus, vous devez vous connecter dans LinkedIn directement à un maximum de ces professionnels (DRH, Chasseurs de têtes, responsables RH, consultants RH, chargés RH, afin de faire partie de leur cercle de relations de niveau 1). Si vous visez cet objectif n°2, n'hésitez pas à vous connecter à plusieurs centaines de recruteurs sur LinkedIn.

Objectif n°3 : vous faire repérer

Sur LinkedIn, vous pouvez également attirer l'attention sur vous. Grâce à votre activité sur LinkedIn, par exemple, en relayant régulièrement du contenu de qualité sur votre secteur, sur votre métier, ou encore en publiant votre propre contenu, vous pouvez intéresser les autres membres et susciter chez eux l'envie de vous rencontrer pour faire connaissance, puis leur donner éventuellement envie de vous recruter.

Conséquence : si vous visez cet objectif n°3, cela vous impose inéluctablement de vous connecter au plus grand nombre, 1000, 2000, 5000 contacts et plus. En effet, plus vous serez en relation directe avec un grand nombre de personnes, plus vous avez de chance de toucher, d'intéresser de personnes, et donc plus vous allez vous créer des opportunités.

Objectif n°4 : soigner votre image de marque, votre personal branding.

Enfin, vous pouvez également décider de viser l'objectif numéro 4, qui consiste pour beaucoup de cadres et dirigeants, à soigner votre image de marque, votre personal branding. Conséquence : si vous visez cet objectif sur LinkedIn, alors d'une certaine manière cela vous oblige à avoir plus de 500 contacts, parce qu'en dessous on se dit que vous n'avez pas un grand relationnel ou que vous n'êtes pas un grand communiquant. Une fois votre profil bien renseigné, vous commencez à vous connecter à vos relations et à développer votre réseau. Le premier objectif est d'atteindre le fameux + de 500, qui indique que vous avez plus de 500 contacts LinkedIn. Bien entendu vous sélectionnez les personnes avec qui vous rentrez en contact, mais ne confondez pas votre carnet d'adresses avec vos contacts LinkedIn !

Pratique #10 - Obtenez un maximum de recommandations de compétences sur votre profil LinkedIn

Sur LinkedIn, dans la section dédiée à vos compétences, faites-vous recommander au maximum toutes les compétences pour lesquelles vous voulez être trouvé par les recruteurs, idéalement plus de 99 fois ! C'est très important vis à vis de l'algorithme de LinkedIn.

Pratique #11 - Benchmarquez-vous sur LinkedIn avec vos concurrents

Trouvez vos concurrents sur LinkedIn, parcourez leurs profils, et étudier les mots clés qu'ils utilisent en français et en anglais, et faites en sorte de les utiliser également. Étudiez les compétences qu'ils affichent.

Partie 4 – Networking

Pratique #12 - Apprenez la démarche Réseau

Pour un cadre ou un dirigeant confirmé, la démarche Réseau représente plus de 70% de ses opportunités de nouveau job ! Et cerise sur le gâteau, elle vous permet de trouver votre "best job" et non pas seulement un simple job.

Pratique #13 - Préparez-vous à communiquer

Préparez votre communication : pitch trois minutes pour les entretiens de recrutement, une minute trente pour les entretiens Réseau, et 30 secondes max pour les brèves rencontres puis entraînez-vous !

Pratique #14 - Payez vos cotisations à l'association des anciens de votre école

De plus en plus de cabinets ne disposent plus de bases de données maison et certains professionnels utilisent des services extérieurs qui sont alimentés par les informations des annuaires des anciens.

Pratique #15 - Identifiez vos entreprises cibles

Pour demander à votre interlocuteur des contacts de façon efficace, il faut que vous lui donniez des noms d'entreprises. Pour qu'il pense à certaines personnes, il faut lui donner des noms d'entreprise. Au lieu de lui donner des noms d'entreprises qui vous intéressent sans savoir s'il connait des personnes dans celles-ci, vous allez vous informer avant l'entretien.

Après l'avoir contacté pour prendre le rendez-vous, vous lui demandez une mise en relation sur LinkedIn. Plus de 8 fois sur 10, il va accepter. Le fait qu'il accepte de vous inclure dans ses relations sur LinkedIn, s'il n'a pas touché aux réglages par défaut, il vous donne de facto accès à ses contacts. Vous allez donc être en mesure de consulter toutes les personnes avec qui il est connecté. Ainsi, lorsque vous allez le rencontrer, votre demande de contacts sera beaucoup plus précise et efficace. Vous accélérerez votre recherche d'emploi.

Partie 5 – Vos CV, Lettres de motivation, Jobboards

Pratique #16 - Ne consacrez pas tout votre temps à envoyer des lettres de candidatures spontanées ou à répondre à des annonces

C'est tout à fait inutile de passer vos journées entières à envoyer des lettres de candidatures spontanées ou à répondre à des annonces ! On ne cherche plus un nouveau job aujourd'hui comme avant. Cela ne veut pas dire qu'il ne faille pas envoyer des candidatures spontanées ou répondre à des annonces mais cela signifie que les cibles seront bien identifiées et vous n'y passerez pas beaucoup de temps. Un cadre expérimenté, lorsqu'il est bien préparé à chercher un nouveau job, consacre 80% de son temps à la démarche Réseau.

Pratique #17 - Identifiez les jobboards utiles pour vous

Identifiez les jobboards utiles pour vous, ceux qui vous correspondent, en fonction de votre projet, de vos cibles et de votre secteur d'activité.

Un jobboard (ou job-board) est tout simplement un site web qui met en ligne des offres d'emploi. On le dénomme aussi parfois « site d'emploi », même si ce terme est beaucoup moins utilisé dans le milieu du recrutement. Le terme jobboard nous vient des Etats-Unis car à l'origine, il faisait référence aux panneaux d'emploi sur lesquelles le chercheur d'emploi consultait les offres dans les agences de recrutement.

Un jobboard présente souvent 2 volets

•   les offres d'emploi consultables grâce à un moteur de recherche

•   une CVthèque qui est une zone du site dans laquelle le chercheur d'emploi y dépose son CV afin de se rendre visible des recruteurs.

Les jobboards ont connus un beau succès en France car d'une part ils sont souvent consultables gratuitement par les chercheurs d'emploi et d'autre part, c'est moins cher pour un recruteur de diffuser ses annonces sur un jobboard que de lancer une campagne de recrutement dans la presse. Et puis, les annonces sont mises en ligne immédiatement !

Autrement dit les jobboards s'adressent donc à la fois aux chercheurs d'emploi et à la fois aux recruteurs.

Les jobboards proposent au chercheur d'emploi de :

- déposer son CV dans la CVthèque

- consulter les offres d'emploi

- candidater aux offres qui l'intéressent

Il peut également souvent créer une ou plusieurs alertes par e-mail afin recevoir les nouvelles offres parues correspondant à ses critères de recherche. Certains jobboards partagent aussi du contenu et des bonnes pratiques pour rechercher un emploi.

Les jobboards proposent au recruteur de :

- de déposer leurs offres d'emploi

- de consulter les CV de la CVthèque

- d'acheter des espaces publicitaires

Parfois le recruteur peut aussi diffuser ses offres sur plusieurs jobboards en même temps, et créer aussi des alertes pour être prévenu par e-mail lorsqu'une personne correspond au(x) profil(s) recherché(s).

Les jobboards généralistes proposent des offres d'emploi à tout type de demandeur d'emploi, quel que soit son métier, son secteur d'activité, son niveau d'étude. Les jobboards spécialisés proposent des offres d'emploi à un public restreint. Ils ciblent un secteur d'activité (agriculture, environnement, ...), un type de métier (informatique, ressources humaines,...), une région, un niveau d'étude (BAC+2, diplôme d'ingénieur,...), un niveau d'expérience (jeune diplômé, senior), un statut (cadre, ...).

Quelques exemples de jobboards

• Apec (www.apec.fr) : le site s'adresse aux jeunes diplômés et aux cadres. Il présente la CVthèque la plus consultée. Offres : 25% informatique, 23% commercial/marketing, 15% études R&D.

• Pôle Emploi (www.pole-emploi.fr) : site institutionnel à ne pas négliger car la taille de son réseau vous offre une chance de plus d'être repéré.

• Cadremploi (www.cadremploi.fr) pour les cadres mais aussi pour les jeunes diplômés. Offres : 39% dans l'industrie, 34% dans la vente, 15% dans la production.

• Regionsjob (www.regionsjob.com). Un site spécialisé dans l'emploi local. Beaucoup d'offres en province. 35% sur des fonctions commerciales.

• Monster (www.monster.fr)

• Lesjeudis.com (www.lesjeudis.com). Spécialisé dans le secteur informatique.

• Keljob (www.keljob.com). Banque de Cv classique mais qui se distingue grâce à deux sites : Kelformation et Kelstage, qui peuvent être utiles aussi pour le chercheur d'emploi.

• CarriereOnLine (www.carriereonline.com)

• L'agefiph (www.agefiph.fr) : l'opérateur central et de référence de la politique de l'emploi des personnes handicapées en France.

• Wydden (www.wydden.com). Un site spécialisé dans les startup.

• FashionJobs (fr.fashionjobs.com). C'est le site de référence des métiers de la mode, du luxe et de la beauté avec un million de visites par mois.

• Irmawork (irmawork.com). Un site spécialisé dans le secteur de la musique.

Il existe également des agrégateurs d'offres d'emploi

Les agrégateurs d'offres d'emploi, encore appelés métamoteurs sont apparus au début des années 2000. Un agrégateur d'offres d'emploi est un moteur de recherche (comme Google) capable de rechercher l'information pertinente pour l'utilisateur sur le web. Il centralise ainsi les offres d'emplois provenant de différents sites. Certains agrégateurs répertorient les offres provenant à la fois des jobboards et à la fois des sites carrière des entreprises.

Avantages de l'agrégateur pour le candidat :

• il offre un nombre plus important d'offres que les jobboards.

• les offres sont centralisées au sein d'une plateforme simple et épurée

Exemples d'agrégateurs d'offres d'emploi

• Indeed (www.indeed.fr) est un agrégateur d'offres d'emploi. Avec 150 millions de visiteurs par mois, c'est le 1er agrégateur d'offres d'emploi international.

• OptionCarriere (www.optioncarriere.com)

• Neuvoo (neuvoo.fr)

LinkedIn est un jobboard

Conséquence de la disruption du marché de l'emploi, il y a un jobboard auquel on ne pense pas tout de suite car initialement il n'en est pas un : LinkedIn ! En effet, LinkedIn est devenu un jobboard également. D'un côté, LinkedIn c'est cette gigantesque base de profils mis à jour très régulièrement par chacun d'entre-nous ! Et de l'autre, LinkedIn est de plus en plus pourvu en annonces.

Pratique #18 - Ne répondez à une annonce sur un jobboard que si vous estimez correspondre à au moins 90% de celle-ci

Pratique #19 - Ne consacrez pas trop de temps aux jobboards

Limitez votre temps sur les jobboards à, par exemple, deux fois 1h30 par semaine. Rappelez- vous qu'au moins 80% de votre temps doit être consacré à la démarche Réseau !

Pratique #20 - Quand vous correspondez à une annonce sur un jobboard, répondez-y immédiatement

Lorsque vous trouvez une annonce sur un jobboard et que vous estimez correspondre à au moins 90%, répondez-y et tout de suite, sans remettre au lendemain. Pourquoi ? Parce que les entreprises sont toujours très pressées d'avoir des candidats, et une fois qu'elle les a, cela devient de plus en plus lent pour rentrer dans le processus de recrutement.

Pratique #21 - Ayez un CV sur une page ET un CV sur deux pages.

En général aujourd'hui, celui qui plaît le plus est le CV sur deux pages, mais ça c'est en général ! Un cadre supérieur ou un dirigeant va privilégier le CV sur une page afin de démontrer son esprit de synthèse. Le problème en matière de CV, est qu'il y a autant d'avis que de personnes donc c'est la raison pour laquelle vous réalisez deux CVs. Ainsi, si vous avez la possibilité de demander à la personne lequel elle préfère, vous lui servirez le bon ! Et sinon, il suffit d'envoyer les 2 par e-mails et la personne ouvrira celui qu'elle préfère !Conseil #16 - Envoyez vos CV aux chasseurs de têtes, aux cabinets de recrutements mais n'attendez pas qu'ils se précipitent pour vous rencontrer, sinon vous risquez d'être très déçus

Pratique #22 - Modernisez votre CV

Certes, le CV est un outil ancien mais il reste toujours utile. Cela dit, rendez-le moderne, par exemple en ajoutant l'url de votre profil LinkedIn sous votre adresse. En effet, vous allez souvent transmettre votre CV au format électronique (au format pdf), et puisque de toute façon votre contact ira visiter votre profil LinkedIn, autant lui faciliter la tâche ! N'oubliez pas de personnaliser votre url.

Autre exemple pour rendre moderne votre CV : si vous avez accordé des interviews, si vous avez été cité dans la presse, si vous avez animé une conférence, faites figurer ces liens à la fin de votre CV, vous constituez ainsi un CV interactif, actuel et moderne ! Les personnes peuvent ainsi cliquer sur les liens et trouver d'autres informations sur vous.

Partie 6 – Les chasseurs de têtes

Pratique #23 - Optimisez bien votre temps avec les chasseurs de têtes.

Vous ne devriez pas consacrer aux chasseurs de têtes plus de 10% de votre temps.

Vous venez de perdre votre emploi et vous vous dites : « je mets tout de suite à jour mon CV et je contacte un maximum de chasseurs de têtes pour les rencontrer afin qu'ils me trouvent un job rapidement ». Pourquoi vous faites fausse route ?

Vous n'êtes pas le client des chasseurs de têtes !

Revenons aux fondamentaux : en quoi consiste le métier de chasseur de têtes ? Le chasseur de tête exerce un rôle de conseil auprès de ses clients. Qui sont ses clients ? Ce sont des entreprises. Autrement dit, vous n'êtes pas le client des chasseurs de têtes ! Vous êtes... un candidat ! Le chasseur de tête accompagne ses clients dans la compréhension de leurs besoins, de leur environnement, de leurs projets, pour les aider à définir leurs besoins futurs en managers. Ses clients le missionnent pour trouver les candidats qui correspondent aux besoins de l'entreprise.

Les chasseurs de têtes n'ont pas vraiment le temps de vous rencontrer si c'est vous qui les sollicitez !

Le chasseur de têtes consacre beaucoup de temps à échanger avec ses clients et à mener des recherches pour eux. La fonction a été impactée, elle aussi, par la révolution digitale, en particulier par LinkedIn. En effet, historiquement les chasseurs de têtes détenaient précieusement des bases de profils. Aujourd'hui, une base de profils incontournable pour les chasseurs de têtes, c'est LinkedIn ! Tous les cadres et dirigeants (ou presque) y sont présents et en plus ils mettent régulièrement à jour leurs propres informations. Et puis le métier a évolué. Beaucoup de cabinets de chasseurs de têtes ont diversifié leurs activités par exemple en matière de management de transition, d'assessment, de formation... vous l'aurez compris, le chasseur de têtes n'a pas vraiment le temps de vous rencontrer si c'est vous qui le sollicitez!

Au mieux, votre Réseau vous permettra d'en rencontrer quelques-uns

Bien sûr, de temps en temps, il arrive que le chasseur de têtes rencontre un candidat sans forcément avoir un poste à lui proposer. Mais si vous pensez pouvoir rencontrer les chasseurs de têtes que vous ne connaissez pas, sans utiliser le Réseau, autrement dit sans connecteur, vous allez vite déchanter. Contacter les chasseurs de têtes pour les rencontrer, sans avoir été mis en relation par quelqu'un, va souvent s'apparenter à un coup d'épée dans l'eau.

Ne lui demandez pas s'il a un poste pour vous, cela n'a pas de sens !

Contacter un chasseur de têtes pour lui demander s'il a un poste pour vous à court terme n'a aucun sens ! En effet, la probabilité pour que pile au moment où vous les contacter, il recherche exactement le type de poste que vous briguez pour le compte de l'un de ses clients, est extrêmement faible. Vous aurez autant de chances à essayer de gagner au loto !

Et pourtant, les chasseurs de têtes reçoivent chaque jour des dizaines de sollicitations ! Il faut dire que tout le monde n'a pas encore professionnalisé sa recherche d'emploi ! Cela part pourtant d'un bon sentiment. En effet, vous vous dites que le métier du chasseur de têtes consiste à trouver des personnes comme vous. Or, nous l'avons vu, ce n'est pas aussi simple. En effet, son métier, c'est plutôt de trouver ... des clients ! donc des entreprises qui vont le missionner et le rémunérer ! Trouver un candidat (quelqu'un comme vous), rassurez-vous ! Il finira toujours par en trouver un !

Bien entendu, rencontrer les chasseurs de têtes qui œuvrent dans votre secteur d'activité sur le type de fonctions que vous visez, de la part d'un connecteur, afin de vous faire connaître, et qu'ils pensent à vous dans les prochains mois ou prochaines années, cela fait sens, à condition de bien cibler ces chasseurs de têtes. Vous limiterez le nombre de rencontres car 10 à 15% seulement de vos opportunités vont provenir des chasseurs de têtes. La grande majorité de vos opportunités vont provenir de la démarche Réseau : entre 70% et 90% en fonction de votre âge ! Au lieu d'essayer de les rencontrer coûte que coûte, transmettez plutôt, aux chasseurs de têtes que vous ciblez, votre CV à jour tous les trimestres ! Vous gagnerez du temps dans votre recherche d'emploi !

Les chasseurs de têtes n'ont pas beaucoup de temps

Ne vous offusquez pas si d'un seul coup, il ne vous donne plus de nouvelles ! Il n'a pas le temps ! Ne misez pas tous vos espoirs sur les pistes qui se dessinent avec lui, donnez bien entendu le maximum en entretiens avec eux et avec leurs clients, mais continuez votre démarche Réseau ! N'abandonnez pas ! Tant qu'on ne vous a pas transmis une proposition de contrat, ce n'est pas gagné ! Et si jamais, vous n'étiez pas l'élu, ce n'est pas terminé pour autant. C'est arrivé cette année à l'une de mes clientes en outplacement : elle a fait partie du trio final, quelqu'un d'autre a décroché le job mais y a finalement renoncé après l'avoir accepté, et un mois plus tard ma cliente s'est vu proposer le job !

Un conseil : à toutes les étapes avec le chasseur, si vous n'avez pas plus de ses nouvelles, continuez à lui envoyer un sms de temps en temps pour demander des nouvelles et lui montrer votre motivation !

Pratique #24 - Envoyez régulièrement (tous les 3 mois ou tous les 6 mois) votre CV par email aux chasseurs de têtes, pour qu'ils ne vous oublient pas.

Pratique #25 - Envoyez vos CV aux chasseurs de têtes, aux cabinets de

recrutements mais n'attendez pas qu'ils se précipitent pour vous rencontrer, sinon vous risquez d'être très déçus

Pratique #26 - Pour les chasseurs de têtes qui vous ont répondu, vous pouvez leur renvoyer 3 mois plus tard votre CV en précisant qu'il s'agit tout simplement de la mise à jour de celui-ci. Pour ceux qui ne vous ont pas répondu, vous pouvez tenter d'envoyer votre CV à un autre chasseur au sein du même cabinet.

Pratique #27 - N'hésitez pas à envoyer aussi votre CV aux chasseurs anglais, belges, suisses etc....

En effet, à cause de la mondialisation, les chasseurs chassent partout. Par exemple, de plus en plus de chasseurs anglais chassent sur le territoire français, et ils se servent beaucoup de LinkedIn.

Partie 7 - Ne restez pas seul, faîtes vous aider et organisez-vous

Pratique #28 - Faites-vous aider

Le succès de votre recherche d'emploi est du ressort de votre responsabilité. Ce n'est pas de la responsabilité de Pôle Emploi, du copain qui vous accompagne, de votre coach, du consultant en outplacement ou du service emploi carrière de votre université ou de votre école, c'est vraiment à vous de prendre en main votre recherche d'emploi pour la rendre efficace et pour l'accélérer. C'est à vous de décider d'agir et de vous faire aider. N'hésitez pas à vous faire aider. Vous serez beaucoup plus fort !

Pratique #29 - Ne restez pas seul

Quand vous êtes en recherche d'emploi, il faut absolument rejoindre un bon groupe. Vous serez plus fort si vous adhérez à un bon groupe et si vous comprenez la force de la solidarité. Vous pouvez, vous-même, constituer un groupe et le réunir régulièrement pour échanger de l'information et des conseils. Fuyez les toxiques comme la peste. Un groupe comprenant un toxique ne fonctionnera pas. Il faut un groupe avec des gens qui vont de l'avant, qui sont actifs et qui sont positifs. Un groupe c'est le début du réseau ! Vous allez échanger des informations et des contacts, c'est du réseautage !

Pratique #30 - Organisez-vous

Aujourd'hui, cherchez un nouveau job réclame une organisation hors pair. Testez l'outil jobfinder !

Recommandations pour le Succès Entrepreneurial

Nous croyons fermement en l'idée que le savoir est une clé essentielle du succès. Pour compléter votre parcours entrepreneurial et maximiser vos chances de réussite, nous vous recommandons vivement les livres suivants, écrits par des auteurs inspirants et experts dans leurs domaines respectifs :

1. **"Le Manuel de l'Entrepreneur en ligne : Planifier, Lancer, Réussir avec les Stratégies Gagnantes"** *de Alexandre Laroche*

2. **"Millionnaire grâce à ChatGPT : Découvrez plus de 500 prompts ChatGPT et les outils IA de pointe pour maximiser vos profits et faire décoller votre chiffre d'affaires!"** *de Julien Vannier*

Chacun de ces livres offre une perspective unique et des conseils pratiques pour guider votre chemin vers le succès entrepreneurial. Nous vous encourageons à explorer ces ressources complémentaires pour enrichir vos connaissances et stimuler votre croissance professionnelle.

Pour vous procurer ces livres, nous vous invitons à les rechercher sur la plateforme Amazon, où vous pourrez les trouver facilement et les intégrer à votre collection de ressources entrepreneuriales.

Lettre de Reconnaissance à Mes Lecteurs

Cher(e) lecteur(trice),

C'est avec une immense gratitude que je m'adresse à vous après la lecture de mon livre. Votre temps et votre engagement sont précieux, et je tiens à exprimer ma sincère reconnaissance pour votre soutien.

Écrire un livre est un voyage solitaire, mais le partager avec des lecteurs passionnés comme vous donne tout son sens à cette aventure. Votre intérêt et votre immersion dans les pages de mon livre sont la plus grande récompense pour un auteur.

Si le cœur vous en dit, je vous encourage vivement à partager votre expérience en laissant un commentaire positif sur Amazon. Vos mots peuvent être une lumière pour d'autres lecteurs, les guider vers une découverte enrichissante. Votre avis contribuera également à façonner l'avenir de mes projets, car vos retours sont inestimables pour l'optimisation de mes futurs écrits.

Que votre plume soit empreinte de vos réflexions les plus sincères, et que vos commentaires puissent résonner avec d'autres lecteurs en quête de nouvelles expériences littéraires.

Encore une fois, merci du fond du cœur pour votre soutien et votre précieuse contribution à cette aventure littéraire.

Avec toute ma gratitude, Julien Vannier

Printed in Poland
by Amazon Fulfillment
Poland Sp. z o.o., Wrocław
07 June 2024

5c85b45b-315a-4e2b-9439-547c73fc61beR01